마음의 뇌과학

감정에 서툰 당신을 위한

마음의 뇌과학

초판 1쇄 인쇄 2026년 4월 10일
1쇄 발행 2026년 5월 10일

지은이 신재한 · 김대영 · 정복희

펴낸이 우세웅
책임편집 정온지
북디자인 박정호
홍보제작 김세경

펴낸곳 슬로디미디어
출판등록 2017년 6월 13일 제25100-2017-000035호
주소 경기 고양시 덕양구 청초로 66, 덕은리버워크 A동 15층 18호
전화 02)493-7780　**팩스** 0303)3442-7780
홈페이지 slodymedia.modoo.at　**이메일** wsw2525@gmail.com(사업 제휴)

ISBN 979-11-6785-308-0 (03180)

글 ⓒ 신재한 · 김대영 · 정복희 2026

신재한 · 김대영 · 정복희 지음

감정에 서툰 당신을 위한
마음의 뇌과학

THE NEUROSCIENCE OF THE MIND

슬로디미디어

추천사

『마음의 뇌과학』의 출간을 진심으로 축하하며, 이 뜻깊은 책이 세상에 나오게 된 것을 기쁘게 생각합니다. 우리는 아직 뇌의 신경생리학적 구조와 작동 원리를 완전히 이해하지 못하고 있습니다. 그럼에도 감정 표현이 서툴거나 자신의 마음을 이해하는 데 어려움을 겪는 이들에게는 "마음을 다잡으라"라는 조언보다, 때로는 뇌의 원리를 이해하는 일이 더 실질적인 도움이 될 수 있습니다. 감정은 의지나 성격의 문제이기도 하지만, 동시에 뇌와 신경계에서 일어나는 생물학적 과정과 깊이 연결되어 있기 때문입니다. 이 책은 뇌 신경가소성 이론을 비롯한 다양한 뇌과학적 개념을 바탕으로, 마음의 문제를 임상적 사례와 함께 쉽고 명료하게 풀어냅니다. 복잡한 이론을 간결하게 정리하여 독자들이 자신의 삶 속에서 실제로 적용할 수 있도록 안내합니다.

뇌를 이해하는 일은 곧 자신을 이해하는 일입니다. 일상 속에서 마음을 더욱 건강하게 돌보고자 하는 분들, 그리고 뇌과학과 심리상담의 접점에 관심 있는 모든 분께 이 책을 적극 추천합니다.

안석 / 치유상담대학원대학교 상담심리학과 정교수, 라비에벨 심리상담학습클리닉전문센터 센터장

현대인에게 『마음의 뇌과학』은 따뜻한 위로와 함께 희망을 전하는 책이다.

우리는 힘들 때 심신이 망가졌다고 여기지만, 사실은 잠시 과부하 되었을 뿐임을 이 책은 차분히 일깨워 준다.

뇌는 평생 변화하며, 신경가소성은 회복의 가능성이 우리 안에 열려 있음을 보여주고 있다.

이 책은 그 과학적 근거 위에서 회복의 길을 설득력 있게 제시하고 있으며, 독자로 하여금 자신을 이해하고 돌볼 수 있는 시선을 갖게 한다. 또한 '회복'은 예외적인 기적이 아니라 충분히 가능한 과정임을 담담하게 전하고 있다.

이 책이 많은 이에게 작은 용기와 새로운 시작의 계기가 되기를 바란다.

정문경 / 칼빈대학교 사회복지학과 교수 및 상담심리치료학과 교수

『마음의 뇌과학』은 지친 마음을 도덕적 나약함이 아닌 신경과학적 이해의 대상으로 전환하는 성찰적 저작입니다. 뇌의 과부하와 적응 기제를 중심으로 스트레스와 불안을 설명하며, 이해−회복−훈련−관계 확장으로 이어지는 체계적 구조 속에서 독자의 실질적 변화를 안내합니다. 호흡·수면·운동·감사·인지 재구성과 같은 구체적 실천 전략은 뇌 가소성과 회복 가능성을 설득력 있게 보여줍니다.

이 책은 단순한 위로를 넘어, 과학적 근거 위에 서 워진 '회복의 길'을 제시하는 깊이 있는 안내서입니다.

길점남 / 호원대학교 글로벌관광학과 교수

이 책은 "왜 나만 이렇게 힘들까?" 하고 자신을 탓해본 이들에게 건네는 깊고 따뜻한 위로입니다. 마음이 무너졌다고 느끼는 순간어 도, 내 뇌가 끝까지 나를 지키려 애써왔다는 사실을 조용히 일깨워 주며, 어려운 이론 대신 오늘 당장 실천할 수 있는 작은 변화로 다시 일어설 힘을 전합니다. 페이지를 넘기다 보면 "내 마음이 고장 난 게 아니었구나" 하는 안도감이 마음을 부드럽게 감쌉니다. 지친 하루 끝에서 누군가의 다정한 응원이 필요할 때 이 책이 당신 곁에서 따뜻하게 함께할 것입니다.

이나영 / 평택대학교 상담심리학과 교수

우리는 인류 역사상 가장 스마트한 시대를 살고 있습니다. 하지만, 역설적으로 우리의 뇌는 30만 년 전 사바나 초원의 원시적 경보 체계에 갇혀 끊임없이 방전되고 있습니다. 이 책은 마음의 붕괴가 의지의 결함이 아닌, '21세기의 속도'를 감당하지 못한 뇌의 생리적 과부하임을 명확한 과학적 근거로 증명해 냅니다. 단순한 위로를 넘어 '신경가소성'이라는 놀라운 원리를 바탕으로 부정적인 사고 회로를 긍정으로 재배선하는 구체적인 인지 훈련법을 제시한다는 점이 매우 인상적입니다. 특히 호흡과 운동, 식단 등 신체 감각을 이용해 뇌를 리셋하는 다학제적 접근은 독자들에게 실질적인 회복의 열쇠를 쥐여줄 것입니다. 지친 일상 속에서 나약해진 자신을 자책해 온 분들이라면, 이 책을 통해 뇌가 보내는 고통의 신호를 이해하고 다시 일어설 과학적 용기를 얻으시길 바랍니다. 뇌는 고정된 기계가 아니라 당신의 선택에 따라 평생 변화할 준비가 되어 있는 생명체이기 때문입니다.

정대겸 / 계명대학교 심리학과 교수

『마음의 뇌과학』은 상담 현장에 바로 적용할 수 있는 실천적 통찰을 제공하는 책입니다. 이 도서는 편도체, 해마, 미주신경 등 뇌의 핵심 구조를 통해 정서 문제를 과학적으로 설명하며, 상담을 '의지의 문제'가 아닌 '신경계의 회복 과정'으로 재해석하게 합니다. 특히 신경가소성에 기반을 둔 회복 가능성의 메시지는 위기 학생 지도와 교사 교육에 새로운 희망을 제시합니다. 13년간 Wee클래스 전문상담사로 활동해 온 경험을 바탕으로, 뇌과학과 상담을 연결하고자 하는 교육자와 전문 상담사에게 이 책을 강력히 추천합니다.

선미란 / 순천대학교 사범대학 교직과 교수

이 책은 마음의 고통을 개인의 의지 탓으로 돌리지 않고, '원시적 뇌와 디지털 시대의 불협화음'이라는 생물학적 관점에서 통찰력 있게 분석합니다. 막연한 위로를 넘어 편도체 조절과 신경가소성을 활용한 구체적인 '뇌 리셋 매뉴얼'을 제시한다는 점이 돋보입니다.

특히 심리학을 공부하는 학생들, 현장에서 뇌과학 공부와 마음치료를 하는 분들에게 이 책은 이론과 실무의 간극을 메워주는 중요한 가이드북이 될 것입니다. 책에는 뇌 구조가 실제 상담 현장에서 어떻게 정서 조절과 연결되는지, 신체 감각과 인지 재구성의 메커니즘이 어떻게 치유로 이어지는지를 보여줍니다.

개인의 뇌에서 사회적 뇌에 이르기까지, 회복탄력성의 전 과정을 아우르는 이 책은, 과학이 건넬 수 있는 가장 따뜻한 위로이자, 심리학자라면 반드시 탐독해야 할, 현시대에 적합한 '마음과 뇌과학 매뉴얼'입니다. 삶의 무게에 지친 이들과 마음의 심연을 공부하는 이들에게 이 책을 적극 추천합니다.

이미나 / 광신대학교 휴먼서비스교육학과 교수

마음과 뇌를 이해하면 정서적 안정을 얻고, 자신의 가치를 개발하는 데서 더 나아가 제대로 활용하는 능력도 향상됩니다. 또한 성숙한 감정 관리와 자신의 가치를 확장해 삶은 훨씬 단단해집니다. 마음과 뇌를 다룰 수 있는 기술은 우리가 의지할 수 있는 최고의 '고급 기술'이라 할 만합니다. 이 책은 마음의 건강과 뇌과학에 기반한 '뇌 활용' 지침서입니다. 막연한 조언이 아닌, 마음의 근력을 키우고, 뇌의 무한한 가능성을 체감해 숨겨진 잠재력을 활용할 수 있습니다. 더 나아가 삶의 당당한 주인으로서 원하는 삶으로 이끌어 가는 길을 구체적으로 안내합니다.

김경희 / 전남 뇌&심리교육원 원장, 전 서울문화예술대학교 심리치료학과 교수

당신의 뇌는 고장 난 것이 아니라,
잠시 지친 것입니다

"제가 의지가 약해서 그런 걸까요?"

"남들은 다 잘 버티는데, 왜 저만 이렇게 힘든 건가요?"

상담이나 강연을 다니다 보면 자주 듣는 말입니다. 번아웃이나 불안, 우울감을 호소하며 찾아오지만, 증상 그 자체보다 자신을 괴롭히는 건 '자책'인 경우가 많습니다. '내가 나약해서 그래' '내 성격이 너무 예민해서 문제야'라며 더 깊은 구덩이로 몰아넣는 거죠.

그런데 뇌과학을 공부한 많은 분의 이야기를 가까이서 듣다 보니, 한 가지 공통점을 발견합니다. 마음이 무너진 분들의 문제는 결코 의지가 약해서가 아닙니다. 실질적인 문제는 이미 과부하가 걸려버린 '뇌'에 있습니다. 끝까지 버텨보려고 너무 애쓰다가, 뇌가 먼저 지쳐버린 것입니다.

원시 시대의 뇌로 디지털 시대를 사는 우리

우리는 인류 역사상 가장 편리한 시대를 살고 있습니다. 손가락 하나면 정보를 얻고, 지구 반대편 소식도 실시간으로 알 수 있습니다. 그런데 이상하게도 마음은 점점 더 불안합니다.

건강보험심사평가원의 통계에 따르면, 2022년 우울증으로 병원을 찾은 한국인이 사상 처음으로 100만 명을 넘어섰습니다. 이제 마음의 문제는 일부의 이야기가 아닙니다. 모두가 겪는 시대적인 신호가 되었습니다.

이 현상을 이해하려면 뇌의 구조를 들여다봐야 합니다. 우리의 뇌는 아직 '21세기의 속도'를 감당하도록 설계되지 않았습니다.

30만 년 전 사바나 초원을 걷던 인류의 뇌는, 맹수를 피하고 먹이를 구할 때만 비상벨이 울리도록 만들어졌습니다. 위협이 눈앞에 닥쳤을 때만 반응하는 구조인 것이죠. 그러나 오늘날의 위협은 더 이상 맹수가 아닙니다. 끊임없이 울리는 알림과 끝없는 비교, 냉정한 평가가 새로운 '포식자'가 되었습니다.

24시간 꺼지지 않는 스마트폰, 잔인한 경쟁, 복잡한 인간관계 속에서 뇌는 쉴 틈 없이 경보를 울립니다. 과열된 상태로 계속 달리다 결국 방전된 뇌가 보내는 신호, 그게 우리가 느끼는 '무기력과 불안'입니다.

뇌는 고정된 기계가 아니라, 유동하는 생명체이다

너무 절망할 필요는 없습니다. 뇌과학이 우리에게 주는 가장 큰 희망 중 하나는 '신경가소성Neuroplasticity'입니다. 뇌는 한 번 만들어지면 끝나는 딱딱한 기계가 아닙니다. 무엇을 먹고, 어떻게 움직이며, 어떤 방식으로 생각하냐에 따라 평생 변화하는 살아 있는 생명체입니다. 실제 현장에서도 생활 습관이 달라지면서 정서 반응이 함께 변화하는 놀라운 사례들을 매일같이 목격합니다.

이 책은 이 '변화의 가능성'에 주목합니다. 막연한 위로가 아니라, 뇌의 생리적 원리에 기반을 둬서 무너진 마음을 차근차근 세우는 과정을 안내합니다.

탄탄히 흘러가는 4단계 회복의 여정

이 책은 크게 네 가지 흐름으로 구성되어 있습니다.

이해하기(두뇌) → 회복하기1(신체 & 감각) → 회복하기2(인지 & 정서) → 나아가기(관계).

이 순서는 단순히 이론을 나열한 게 아니라, 실제 회복 과정에서 가장 효과적이었던 단계를 정리하였습니다.

1부에서는 스트레스와 불안이 뇌에서 어떻게 작동하는지, 그리고 수면이 뇌의 회복에 어떤 역할을 하는지 살펴보겠습니다. 자신의 상태를 이해하는 것만으로도 막연한 두려움이 줄어듭니다.

2부에서는 호흡, 운동, 식사를 비롯한 다양한 신체 감각을 통해 과열된 뇌를 식히고 리셋하는 구체적인 방법을 다룹니다.

3부에서는 생각과 감정의 회로를 긍정적으로 재정비합니다. 불안과 두려움을 성장의 에너지로 바꾸고, 단단한 마음 근력을 키우는 인지 훈련을 연습합니다.

4부에서는 타인과의 연결 속에서 완성되는 치유를 이야기합니다. 인간의 뇌는 본질적으로 '함께' 있을 때 가장 건강합니다. 나아가 삶의 의미를 찾고, 무너져도 다시 일어나는 회복탄력성을 일상에서 유지하는 법을 살펴봅니다.

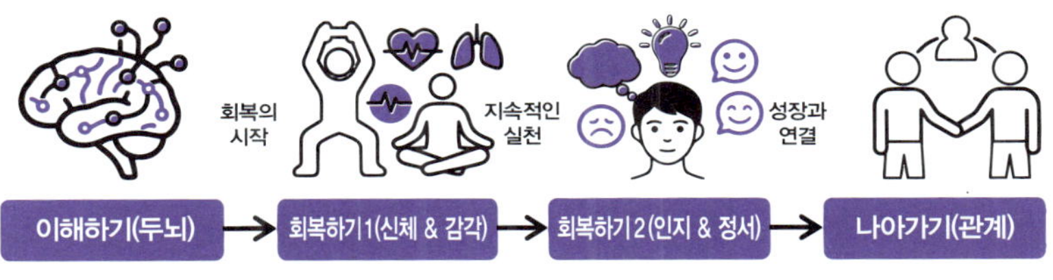

뇌과학을 일상의 언어로 옮기다

이 책은 어려운 전문 용어의 장벽을 낮추고, 일상의 언어로 뇌과학을 설명하려고 노력했습니다. 딱딱한 학술서라기보다, 지친 하루 끝에 부담 없이 펼쳐볼 수 있는 편안한 책이 되기를 바라는 마음으로요.

처음부터 끝까지 순서대로 읽지 않아도 괜찮습니다. 지금 자신의 상태에 맞는 장부터 펼쳐보셔도 충분합니다. 잠이 오지 않는 날에는 수면 이야기를, 무기력한 날에는 에너지 이야기를 먼저 읽으셔도 좋습니다.

중요한 것은 딱 하나입니다. 뇌는 변할 수 있다는 믿음, 그리고 오늘 작은 실천 하나를 시작하는 용기입니다.

이제, 우리가 매일 사용하면서도 제대로 이해해 주지 못했던 뇌의 이야기를 시작해 보려 합니다. 무너진 마음을 다시 일으켜 세울 힘은, 이미 당신 안에 있습니다.

저자 신재한, 김대영, 정복희

차례

PART 1

무너진 마음, 뇌가 보내는 신호 (이해하기: 두뇌)

PART 4

연결되고 확장되는 뇌 (나아가기: 관계)

마음이 흔들릴 때 우리는 습관적으로 내 의지나 성격부터 의심합니다.
'내가 너무 예민한가?' '왜 이렇게 나약하지?' 하면서요.
하지만 뇌가 작동하는 원리를 보면 이해할 수 있습니다.
불안, 우울, 번아웃은 당신이 실패했다는 증거가 아닙니다.
뇌가 당신을 살리기 위해 보내는 치열한 '생존 신호'입니다.
1부에서는 스트레스와 감정이 도대체 뇌의 어느 부분에서, 어떻게 만들어지는지
그 메커니즘을 풀어보겠습니다. 내 몸에서 벌어지는 일을 이해하는 순간, 회복은
이미 시작된 거나 다름없습니다.

무너진 마음,
뇌가 보내는 신호
(이해하기: 두뇌)

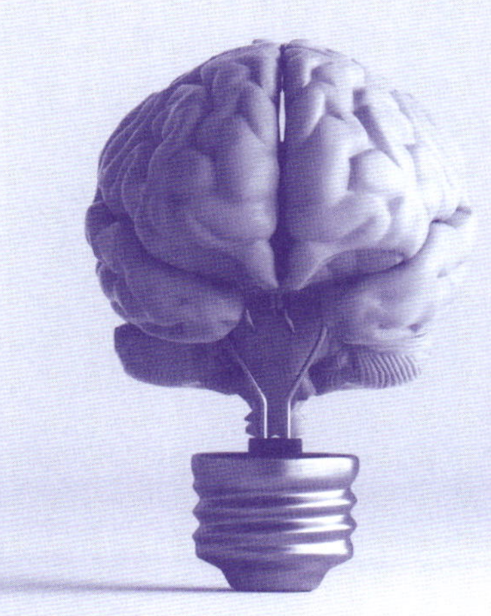

스트레스와 뇌: 뇌는 왜 비상벨을 울리는가?

우리는 기술적으로 인류 역사상 가장 앞선 시대를 살고 있습니다. 손가락 하나로 모든 정보를 얻고, 인공지능이 업무를 도와주는 세상이니까요. 그런데 참 이상하죠? 몸은 편해졌는데, 마음은 갈수록 더 무거워집니다.

통계청이 발표한 「2024년 사망원인통계」를 보면 가슴이 덜컥 내려앉습니다. 자살 사망자가 2011년 이후 최다를 기록했습니다. 그중에서도 40대 사망원인 1위가 자살이라는 사실은, 우리 사회가 얼마나 팽팽한 긴장 속에 있는지 그대로 보여줍니다. 한 전문가는 이를 두고 "생존의 고단함이 숫자로 드러난 것"이라고 표현합니다.

어쩌면 우리는 맹수보다 더 무서운, 눈에 보이지 않는 압박과 싸우고 있는지 모릅니다. 오늘 하루를 한번 떠올려 보세요. 예상치 못한 전화 한 통, 업무에서의 작은 실수, 가까운 사람과의 사소한 말다툼…. 별것 아닌 것 같지만, 우리 뇌는 이런 자극을 하나도 놓치지 않습니다. 그 순간들이 차곡차곡 쌓이면, 어느 날 문득 '왜 이렇게 힘들지?'라는 질문 앞에 털썩 주저앉게 되는 거죠.

댐이 무너지는 건 거대한 파도 때문이 아닙니다. 눈에 보이지 않는 작은 균열들이 쌓이고 쌓여서 결국 터지는 것처럼, 마음도 마찬가지입니다.

뇌 속의 화재경보기: 편도체

스트레스를 받을 때, 우리 뇌 속에서는 도대체 무슨 일이 벌어지고 있을까요? 복잡한 용어는 잠시 접어두고, 부엌 천장에 달린 '화재경보기'를 한번 상상해 보세요.

우리 뇌 깊은 곳, 귀 안쪽 깊숙한 곳에는 아몬드 모양을 닮은 '편도체 Amygdala'라는 친구가 있습니다. 이 친구는 위험을 가장 먼저 감지하는 뇌의 경보기입니다. 뇌과학자 조지프 르두 Joseph E. LeDoux 는 편도체를 두고 "위험을 가장 빠르게 알아차리는 뇌의 감시자"라고 합니다(LeDoux, 2000).

수만 년 전, 숲속에서 살던 우리 조상들에게 이 경보기는 생명 그 자체였습니다. 풀숲에서 '바스락!' 하는 소리가 들리는 순간, 편도체는 생각할 겨를도 없이 즉시 '애앵!' 하고 사이렌을 울립니다.

"맹수가 나타났다! 생각하지 말고 당장 도망쳐!"

투쟁-도피 반응: 생존을 위한 비상 시스템

편도체의 경보가 울리면 우리 몸은 0.1초 만에 전투 모드로 변신합니다. 뇌의 사령탑인 시상하부가 명령을 내리면, 부신이라는 곳에서 '코르티솔Cortisol'이라는 호르몬을 분비합니다. 우리 몸은 이렇게 변합니다. 심장은 터질 듯 쿵쿵 뛰며 근육으로 피를 몰아 보내고, 눈은 부릅떠 적을 포착합니다. 반대로 소화기관은 곧바로 멈춥니다. 당장 도망치거나 싸우는 데 필요 없는 기능들은 '전원 오프'가 되는 셈입니다. 월터 캐논Walter Cannon 박사는 이 반응을 '투쟁-도피 반응Fight or Flight'이라고 명명했습니다(Cannon, 1932).

이 반응은 나쁘지 않습니다. 우리를 살리기 위해 존재하는 고마운 시스템이니까요. 건널목을 건너는데 차가 갑자기 돌진할 때, 생각할 틈도 없이 몸을 피하게 만드는 게 이 시스템 덕분입니다. 중요한 발표 직전에 적당히 긴장해서 집중력을 높여주는 것도 마찬가지입니다. 이걸 '급성 스트레스Acute Stress'라고 하는데, 위기 상황에서 우리를 구하는 영웅 역할을 합니다.

맹수와 잔소리를 구별하지 못하는 뇌

문제는 우리가 사는 21세기의 도시에는 숲속의 호랑이나 사자가 없습니다. 하지만 우리 뇌의 경보기는 1만 년 전의 구식 소프트웨어를 그대로 쓰고 있습니다. 뇌는 생명을 위협하는 진짜 위험과 사회적인 스트레스를 구분하지 못합니다.

상사가 찡그린 표정으로 다가올 때, 배우자와 말다툼할 때, 이번 달 카드 명세서를 열어볼 때 등등. 우리 뇌의 편도체는 이것을 '생존을 위협하는 맹수'라고 착각합니다. 그리고 맹수를 만났을 때와 똑같이 요란한 경보를 울려대며 코르티솔을 분비하는 거죠.

더 큰 비극은 이 경보가 꺼지질 않는다는 겁니다. 맹수는 한 번 나타났다 사라집니다. 조상들은 맹수를 피한 뒤에는 동굴에서 푹 쉴 수 있었습니다. 하지만 현대 사회의 스트레스는 퇴근 후에도 사라지지 않습니다. 밤늦게 울리는 스마트폰 알림으로, 내일의 걱정으로, 주말에도 우리를 졸졸 따라다닙니다. 이게 바로 '만성 스트레스Chronic Stress'입니다.

이렇게 되면 경보는 멈출 틈이 없고, 코르티솔은 정상적으로 꺼질 시간을 얻지 못합니다. 록펠러대학의 브루스 매큐언Bruce McEwen 교수는 이를 '비정상적인 과부하Allostatic Load'라고 합니다(McEwen, 1998). 불이 나지 않았는데도 계속 '애앵!' 하고 울리는 화재경보기 아래서 산다면, 뇌세포가 배겨낼 수 있을까요?

무너짐은 실패가 아니라 구조 신호다

'나는 왜 이렇게 멘털이 약할까?'

힘든 시기를 겪을 때 우리는 습관적으로 자신을 탓합니다. 하지만 뇌의 입장에서 보면 정말 억울한 오해입니다. 지금 겪는 무기력함은 개인의 의지 문제가 아니라, 과열된 뇌가 자신을 보호하기 위해 내리는 '강제 셧다운' 조치입니다.

집에서 전기를 지나치게 많이 쓰면 두꺼비집(차단기)이 '탁' 하고 내려가잖아요? 스트레스가 한계치를 넘으면 뇌도 에너지를 절약하기 위해 시스템을 꺼버립니다. 우리가 흔히 '번아웃'이라고 부르는 상태입니다.

갑자기 아무것도 하기 싫고, 멍해지고, 감정이 무뎌지는 건 "지금 이대로 계속 달리면 시스템이 완전히 타버립니다. 제발 좀 쉬세요!"라며 뇌가 보내는 절박한 구조 신호입니다.

그러니 무너짐은 실패가 아닙니다. 뇌가 당신을 살리기 위해 작동시킨, 강력하고도 고마운 방어 기제입니다.

[자가 진단] 뇌의 과부하 체크리스트

경보기가 꺼지지 않으면 결국 시스템이 고장 나기 마련입니다.
다음 중 2개 이상 해당한다면, 당신의 뇌는 지금 휴식을 간절히 원하고 있다는 뜻입니다.

☐ 수면의 변화: 밤에 쉽게 잠들지 못하거나, 자다가 서너 번씩 깬다.
☐ 설명할 수 없는 통증: 병원에 가도 이상이 없다는데 두통이나 소화불량에 시달린다.
☐ 근육의 긴장: 아침에 일어났을 때 목과 어깨가 돌처럼 굳어 있다.

□ 감정의 롤러코스터: 별일 아닌데 갑자기 욱하거나, 이유 없이 눈물이
난다.
□ 무한 반추: 걱정거리가 꼬리에 꼬리를 물어 멈출 수가 없다.

회복을 위한 첫걸음: 알아차림과 멈춤

다행히 뇌의 회복력은 생각보다 훨씬 빠릅니다. 우리 뇌는 한번 굳어
버리면 되돌릴 수 없는 시멘트가 아니라, 상황에 맞춰 유연하게 변하는 말
랑말랑한 찰흙과 같습니다. 뇌과학에서는 이를 '신경가소성'이라고 부릅니
다. 쉽게 말해 '회복력'입니다.

회복은 단순한 지점에서 시작합니다. '아, 지금 내가 많이 지쳐 있구나'
하고 인정하는 순간입니다. 스트레스를 받고 있다는 사실을 인정하는 것,
뇌의 경보기가 오작동하고 있음을 알아차리는 것에서 치유는 시작합니다.

"아, 지금 상사의 말 때문에 내 편도체가 맹수를 만난 것처럼 놀랐구나.
하지만 걱정하지 않아도 돼. 생명이 위험한 건 아니니까."

자신에게 말해 주는 순간, 뇌의 이성을 담당하는 전전두엽이 작동해
흥분한 편도체를 다독여 줍니다. 명상이나 호흡 훈련, 규칙적인 운동은 이
과열된 경보기를 끄고 평온을 되찾아 주는 강력한 소화기입니다. 하루에

단 10분이라도, 아무것도 하지 않고 내 상태를 살피는 시간이 꼭 필요합니다. 그것이 당신의 소중한 뇌를 지키는 확실한 길이니까요.

> "우리를 죽이는 것은 스트레스 자체가 아니라, 스트레스에 대한 우리의 반응이다."
>
> 한스 셀리에Hans Selye, 스트레스 연구의 아버지

① **3분 멈춤** (The 3-Minute Pause)

스트레스로 뇌가 과열되었다고 느낄 때, 하던 일을 멈추고 딱 3분만 눈을 감으세요. 그리고 호흡에만 집중해 보세요. 들이마시고⋯ 내쉬고⋯. 스마트폰을 보며 쉬는 건 뇌의 휴식을 막고 다른 정보를 입력하는 노동일 뿐입니다.

② **안전 신호 보내기** (Self-Talk)

가슴에 손을 얹고 스스로 조용히 말해 주세요. '괜찮아, 지금 나는 안전해. 이건 맹수가 아니야.'
뇌는 주인의 목소리를 잘 듣습니다. 당신이 안전하다고 확신을 줄 때, 편도체는 안심하고 경보를 끕니다.

③ **나만의 동굴**(피난처) **만들기**

집이나 사무실에서 오롯이 혼자 쉴 수 있는 작은 공간을 정해보세요. 좋아하는 의자, 은은한 향초, 부드러운 담요가 있는 곳이면 더 좋습니다. 그곳에 가면 뇌가 조건반사적으로 '아, 여기는 쉬는 곳이구나' 하고 느끼며 긴장을 풀도록 훈련시키는 겁니다.

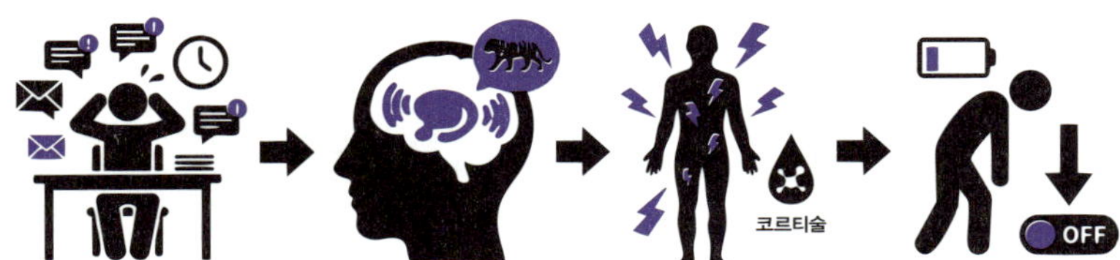

현대의 일상 스트레스   뇌의 오작동: 맹수로 착각   만성 경보 상태   강제 종료: 번아웃
(업무, 알림, 관계)   (편도체 비상벨)   (코르티솔 과부하)   (뇌의 생존 구조 신호)

불안이라는 뇌의 습관: 편도체 길들이기

'이번 발표만 잘하면 승진인데, 혹시라도 망치면 어떡하지?'

'사람들이 목소리 떨리는 걸 눈치채면 나를 얼마나 한심하게 볼까?'

중요한 일을 앞두고 이런 생각 때문에 밤잠 설친 경험, 다들 한 번쯤은 있으시죠? 심장은 금방이라도 터질 듯 쿵쾅거리고, 손바닥은 축축해지고, 머릿속은 새하얗게 지워지는 느낌말입니다. 이 순간, 우리는 습관적으로 자신을 공격하곤 합니다. '나는 왜 이렇게 멘털이 약하지?' '남들은 다 잘하는 것 같은데 왜 나만 이 모양일까?' 하고요.

혹시 지금도 '왜 나만 유독 예민할까?' 하며 자신을 탓하고 계신가요? 건강보험심사평가원 통계를 보면요, 한국에서 공황장애나 불안장애로 병원을 찾은 20~30대 환자가 최근 5년 새 40% 이상 급증했습니다. 취업난에 주거 불안, 끝없는 비교 문화까지… 대한민국 청춘들의 뇌는 어느 때보다 뜨겁게 과열된 게 현실입니다.

고려대학교 한창수 교수는 저서 『무기력이 무기력해지도록』에서 "불안은 없애야 할 적이 아니라, 나를 보호하려는 뇌의 신호"라고 합니다(한창수, 알에이치코리아, 2021). 저 역시 20대 시절엔 심각한 발표 불안에 회의실 문만 열면 숨이 막혔습니다. 하지만 뇌과학을 공부하며 깨달았습니다. 제가 떨었던 이유는 의지가 약해서가 아니라, 뇌 속의 '편도체'라는 화재경보기가 남들보다 성능이 월등히 좋아서 생긴 일이라는 것을요.

'불안'은 제거해야 할 결함이 아니라, 뇌가 아주 오랫동안 생존을 위해 사용해 온 자동 반응에 가깝습니다. 이번 장에서는 과열된 편도체를 어떻게 진정시키고, 불안을 억누르기보다 어떻게 잘 다룰 수 있을지 안내하겠습니다.

이성이 감정에 납치당하는 순간: 편도체 하이재킹

불안해 죽겠는데 옆에서 누가 "야, 진정해. 심호흡 좀 하고 침착하게 생각해 봐"라고 조언한다면 어떤가요? 도움이 전혀 안 되고 오히려 화만 납니다. 머리로는 침착해야 한다는 걸 잘 압니다. 몸이 도저히 말을 듣지 않을 뿐이죠. 도대체 우리 뇌는 위기 상황이 오면 왜 이성의 통제를 벗어날까요?

심리학자 대니얼 골먼Daniel Goleman은 이를 두고 '편도체 하이재킹Amygdala Hijack', 즉 "편도체가 뇌를 납치했다"라고 표현합니다(Goleman, 1995). 감정의 대장인 편도체가 이성의 대장인 전전두엽보다 먼저 반응해서, 뇌의 조종간을 확 낚아채 버린 상태인 거죠.

세계적인 뇌과학자 조지프 르두 교수는 우리 뇌가 공포 정보를 처리하는 데에는 두 가지 길이 있다고 합니다(LeDoux, 1996).

첫 번째는 '높은 길The High Road'입니다. 눈과 귀로 들어온 정보가 이성의 뇌인 '대뇌피질'을 거쳐 꼼꼼하게 분석된 뒤 편도체로 가는 길입니다.

"음, 저 덤불 속의 그림자는 뱀이 아니라 빗줄이었네. 휴, 안심해도 되겠다."

이렇게 뇌가 상황을 정확히 파악하고 진정시키는, 느리지만 아주 정확한 경로입니다.

문제는 두 번째 '낮은 길The Low Road'입니다. 생존이 위협받는다고 느끼는 순간, 뇌는 이성적인 분석 과정을 싹 무시하고 정보를 편도체로 직행시킵니다. 0.1초라도 빨리 도망치기 위한 원시적인 생존 본능입니다.

"일단 튀어! 생각은 나중에 해!"

불안장애나 공포증이 있는 분들의 뇌는 이 '낮은 길'이 뻥 뚫린 고속도로처럼 확장된 상태입니다. 상사의 찌푸린 미간, 청중의 시선 같은 사회적 자극이 들어오면, 뇌는 이를 맹수가 나타난 것과 똑같은 '생존 위협'으로 간주합니다. 이성이 개입할 틈도 없이 비상벨을 누르고, 우리 몸은 전투 모드로 돌변하는 거죠. 이 상태에서는 "진정해"라는 이성적인 말이 잘

통하지 않는 이유도 여기에 있습니다.

두려움과 설렘은 쌍둥이다: 뇌의 해석 오류

이렇게 폭주하는 편도체를 어떻게 다뤄야 할까요? 억지로 누르려 하면 청개구리처럼 더 크게 반발합니다. 그래서 우리는 뇌의 생리학적 특성을 이용해 정교하게 뇌를 속여야 합니다. 불안을 억누르는 대신, 같은 에너지를 흥분으로 재해석하는 '인지적 재해석' 기술을 쓰는 것입니다.

뇌의 관점에서 보면, 극도의 두려움과 설렘은 신체 반응 면에서 거의 쌍둥이처럼 똑같습니다. 한번 비교해 보세요. 무서운 롤러코스터의 맨 꼭대기에 있을 때와 짝사랑하는 사람을 만나기 딱 1분 전을요.

심장은 미친 듯이 뛰고, 손에는 땀이 나고, 눈은 커지고, 숨은 가빠지죠. 몸의 반응만 놓고 보면 뇌는 이 두 가지를 전혀 구별하지 못합니다. 유일한 차이는 딱 하나, '뇌의 해석'입니다.

이 똑같은 신체 반응을 '망했다, 무서워, 도망치고 싶어'라고 부정적으로 해석하면 '불안'이 되고, '와, 기대된다, 에너지가 솟는다, 잘해보고 싶어'라고 긍정적으로 해석하면 '흥분'이 됩니다. 결국 불안은 없애야 할 감정이라기보다, 내가 어떻게 해석하느냐에 따라 전혀 다른 결과를 만들어내는 원료인 셈이죠.

하버드대학의 '나는 흥분했다' 실험

이 이론을 증명한 재미있는 실험이 하나 있습니다. 하버드 경영대학원의 앨리슨 우드 브룩스**Alison Wood Brooks** 교수가 진행한 실험인데요. 사람들을 모아놓고 많은 청중 앞에서 노래를 부르거나 연설을 하도록 시켰습니다. 일부러 긴장감을 조성해서 심박수를 확 높인 뒤, 참가자들에게 세 가지 주문 중 하나를 외치게 했습니다(Brooks, 2014).

1. 아무 말도 하지 않는다.
2. "나는 차분하다(I am calm)"라고 말한다.
3. "나는 흥분했다(I am excited)"라고 말한다.

직관적으로 생각하면 "나는 차분하다"라고 말하며 마인드 컨트롤한 사람들이 가장 잘했을 것 같죠? 하지만 결과는 정반대였습니다.

"나는 차분하다"라고 말한 그룹은 여전히 불안해했고 성과도 낮았습니다. 이미 심장이 180 BPM(분당 박자 수)으로 쿵쿵 뛰고 있는데 '차분해져라'라고 하는 건 뇌에 거짓말을 하는 셈입니다. 뇌는 몸의 상태(고각성)와 생각(저각성)이 일치하지 않아서 더 큰 스트레스를 받습니다. 이미 엑셀을 밟은 상태에서 억지로 브레이크를 밟으려 하면 엔진에 무리가 가는 것처럼요.

반면 "나는 흥분했다"라고 외친 그룹은 불안감이 눈에 띄게 줄어들었고, 노래와 연설 점수도 가장 높았습니다. 그들은 심장이 뛰는 증상을 '실패의 신호'가 아니라 '도전을 위한 에너지'로 재해석했기 때문입니다. 불안 에너지를 억누르는 대신, 그것을 흥분으로 방향을 바꿔 활용한 셈이죠.

불안은 내 몸이 보내는 응원이다

우리는 보통 불안을 없애야만 일을 잘할 수 있다고 믿습니다. 하지만 적당한 불안은 오히려 집중력을 높이고 성과를 만들어내는 필수 요소입 니다. 이를 '최적 각성 수준Optimal Arousal Level'이라고 합니다.

불안을 느낀다는 건, 당신이 그 일을 그만큼 중요하게 생각한다는 증 거입니다. 당신의 뇌가 그 일을 잘 해내는 데 필요한 산소와 에너지를 온 몸에 보내고 있는 신호입니다. 그러니 심장이 뛸 때, 이를 두려워하지 마 십시오. '아, 뇌가 나를 위해 준비를 끝냈구나, 고맙다!'라고 받아들여 보 세요.

그 떨림은, 당신이 지금 매우 중요한 지점에 서 있다는 신호일 수 있습 니다. 불안을 억누르지 마세요. 그 강력한 에너지를 당신의 무기로 사용해 보십시오.

"불안은 억압된 감정이 다시 떠오르려 할 때 울리는 경보음이다."

지그문트 프로이트Sigmund Freud, 심리학자

① **이름표 바꿔 달기** (Re-labeling)

불안함이 밀려올 때 신체 증상에 긍정적인 이름을 붙여주세요. 이것은 인지적 재해석^{Reappraisal}의 핵심입니다.

– 심장이 뛴다 → "엔진이 예열되고 있다"

– 손이 떨린다 → "에너지가 넘쳐흐르고 있다"

– 긴장된다 → "설렌다"

② **"나는 흥분했다!"라고 소리 내어 선언하기**

속으로 생각만 하지 말고 입 밖으로 소리 내어 말하세요. "와, 나 지금 되게 흥분되는데(I am excited!)?"

이 짧은 선언이 납치된 전전두엽을 깨워 상황의 통제권을 되찾게 만듭니다. 뇌는 당신의 목소리를 듣고 '아, 주인이 이 상황을 즐기고 있구나'라고 착각하기 시작합니다.

3장

기억과 해마: 스트레스가 지우개라면 운동은 연필이다

"어? 내가 방금 뭘 꺼내려고 냉장고 문을 열었지?"

"매일 쓰는 사이트 비밀번호가 갑자기 기억이 안 나요."

거실에서 부엌까지 걸어가는 그 짧은 사이에, 하려던 일이 머릿속에서 감쪽같이 사라진 경험, 다들 있으시죠? 혹은 밤새워 공부했는데 시험지를 받는 순간 머릿속이 백지장처럼 하얗게 되어서 당황했던 기억은요?

이런 순간이 반복되면, 우리는 자연스럽게 뇌의 건강 상태를 의심하게 되잖아요. "나도 이제 늙었나? 혹시 벌써 치매인가?" 하며 덜컥 겁을 먹기도 하고요. 최근에는 젊은 분들 사이에서도 스마트폰에 너무 의존하느라 깜빡깜빡하는 일명 '디지털 치매Digital Dementia'가 큰 고민거리라고 합니다.

하지만 너무 걱정하지 마세요. 이런 기억력 문제는 당신의 능력이 부족해서가 아닙니다. 실제 범인은 뇌 속에 퍼진 '스트레스'라는 독소 때문입니다. 이번 장에서는 스트레스가 어떻게 야금야금 우리의 기억을 갉아먹는지, 그리고 어떻게 하면 다시 빠릿빠릿하그 총명한 뇌를 만들 수 있는지, 기억의 중추인 '해마'를 중심으로 이야기하겠습니다.

뇌 속의 도서관 사서, 해마

우리 뇌 깊은 곳, 귀 안쪽에는 새로운 기억을 저장하고 분류하는 핵심적인 기관이 있습니다. 바로 '해마Hippocampus'일니다. 바다생물 해마와 정말 똑같이 생겨서 붙여진 귀여운 이름입니다. 해마는 우리 뇌 속의 꼼꼼한 도서관 사서와 같습니다. 낮 동안 겪은 수많은 경험을 임시로 저장해 뒀다가, 중요한 것만 골라서 장기 기억으로 넘겨주는 역할을 합니다.

이 사서가 일을 얼마나 잘하는지 보여주는 아주 유명한 연구가 있습니다. 런던의 택시 기사들을 대상으로 한 실험인데요. 런던 도로는 2만 5천 개의 거리와 수많은 랜드마크가 미로처럼 얽혀 있기로 악명이 높습니다. 이 길을 전부 외워야 하는 베테랑 기사들의 뇌를 찍어봤더니, 세상에! 해마 뒷부분이 일반인보다 눈에 띄게 크고 두툼했습니다(Maguire et al., 2000).

이건 정말 희망적인 증거입니다. 뇌는 쓰면 쓸수록, 그중에서도 해마는 훈련할수록 구조가 변하고 발달할 수 있다는 뜻이니까요.

코르티솔, 해마를 공격하는 저격수

그런데 이 유능한 사서에게는 치명적인 약점이 있습니다. 뇌의 그 어떤 부위보다 스트레스 호르몬인 '코르티솔'을 받아들이는 수용체가 많이 몰려 있다는 점입니다.

쉽게 말해 해마는 스트레스에 유독 민감합니다. 앞서 이야기했듯 사람은 스트레스를 받으면 코르티솔이 쏟아져 나오잖아요? 이때 적당한 코르티솔은 에너지를 주지만, 과도하게 쏟아지면 해마에게는 맹독이 됩니다. 코르티솔 홍수가 나면 해마의 신경세포 기능이 뚝 떨어지고, 심하면 쪼그라들기까지 합니다.

카이스트 김대수 교수는 저서 『뇌 과학이 인생에 필요한 순간』에서 "스트레스 상황에서 기억력이 떨어지는 건, 뇌가 에너지를 '생존'에 집중해서 사용하기 위한 전략적 선택"이라고 합니다(김대수, 브라이트, 2021). 생각해 보세요. 맹수를 만났을 때(스트레스 상황), 뇌는 도망가는 데 모든 에너지를 써야 하잖아요. 한가하게 영어 단어를 외우거나 추억을 되새길 여유가 어디 있겠어요.

코르티솔이 분비되면 해마의 기능은 강제로 억제됩니다. 시험 볼 때 머리가 하얘지는 이유가 여기에 있습니다.

"주인님, 지금 스트레스가 너무 심해요, 일단 도망쳐요!"

뇌가 이렇게 소리치며 해마 도서관의 셔터를 내려 버린 것입니다.

기억의 역설: 공부한 건 잊고 트라우마는 기억한다

여기서 의문이 하나 생깁니다.

"스트레스를 받으면 기억력이 나빠진다면서요? 그런데 영어 단어는 기억이 안 나면서 왜 상사한테 혼난 기억은 10년이 지나도 생생하죠?"

많은 분이 헷갈리는 기억의 아이러니입니다. 급성 스트레스를 받으면 뇌는 두 가지 정반대 반응을 동시에 보입니다.

감정을 담당하는 '편도체'는 코르티솔의 지원을 받아 점점 활성화됩니다. "이건 위험해! 절대 잊지 마, 다시는 이런 일 당하면 안 돼!"라며 트라우마를 선명하게 기억에 새겨 넣습니다.

반면, 사실과 맥락을 기억하는 '해마'는 억제됩니다. '지금 단어 외울 때야? 도망가는 데 집중해!'라며 차분한 학습 기능을 꺼 버리는 거죠. 결국 감정이 실린 나쁜 기억은 뼈아프게 남고, 공부한 내용은 연기처럼 사라지는 슬픈 불균형이 생깁니다.

뇌를 다시 자라게 하는 기적의 비료, BDNF

그럼 스트레스로 쪼그라든 해마는 영영 회복될 수 없을까요? 다행히도 희망적인 소식이 있습니다. 해마는 성인이 되어서도 새로운 신경세포가 만들어지는(신경 발생, Neurogenesis) 뇌의 유일한 부위 중 하나입니다. 위축된 해마를 다시 살리는 좋은 방법은 무엇일까요? 비싼 영양제도, 어려운 두뇌 훈련 게임도 아닙니다. 정답은 '운동'입니다.

하버드 의대의 존 레이티John J. Ratey 교수는 운동할 때 뇌에서 생성되는 'BDNF(뇌유래신경영양인자)'를 "뇌의 천연 비료Miracle-Gro"라고 합니다 (Ratey, 2008). 유산소 운동은 해마에 비료를 뿌려 새싹이 돋아나게 합니다. 실제로 일리노이대학 연구진이 피실험자에게 1년간 꾸준히 걷기 운동을 시켰더니, 참가자들의 해마 부피가 2%나 커졌습니다(Erickson et al., 2011). 노화로 인해 자연스럽게 줄어드는 걸 막은 건 물론이고, 오히려 뇌를 1~2년 젊게 되돌린 셈이죠. 운동은 몸의 근육만 단련하는 게 아니라, 뇌의 '기억 근육'도 키웁니다.

스트레스를 받으면 뇌는 기억을 지우려 하지만, 운동은 그 기억을 다시 써 내려가는 연필이 됩니다. 오늘 자꾸 깜빡깜빡한다면, 머리를 탓하며 책상 앞에 앉아 있지 말고 운동화 끈을 매고 밖으로 나가보세요. 몸을 움직이기 시작하는 순간, 해마는 다시 기억을 저장할 준비를 시작할 테니까요.

"기억력이 나쁜 게 아닙니다. 스트레스가 당신의 기억을 가로막고 있을 뿐입니다."

로버트 새폴스키Robert Morris Sapolsky, 신경내분비학자

① 유산소 운동으로 '뇌 비료' 뿌리기

일주일에 3번, 30분씩 땀이 날 정도로 걸어보세요. 특히 아침 운동은 온종일 뇌의 코르티솔 리듬을 정상으로 맞춰주고, BDNF를 생성해 학습 효율을 높여줘요. 공부하기 전 20분 걷기는 뇌를 최적의 상태로 예열하는 과정입니다.

② 시험 직전 '심호흡' 하기

중요한 미팅이나 시험 직전에 딱 세 번만 깊게 심호흡해 보세요. 뇌에 '괜찮아, 지금은 맹수가 없어. 안전해'라는 신호를 보내야 셔터를 내렸던 해마가 다시 문을 엽니다. 편도체가 진정되어야 해마가 일할 수 있습니다.

③ 학습 후 꿀잠 자기

공부한 뒤에는 반드시 푹 자야 합니다. 해마에 임시 저장된 기억은 우리가 쿨쿨 자는 동안 대뇌피질의 장기 저장소로 안전하게 옮겨집니다(기억 공고화). 밤샘 벼락치기는 기껏 정리한 책들을 트럭에서 와르르 쏟아 버리는 것과 같습니다.

 **4장**

잠든 뇌의 비밀:
꿈과 감정의 치유

상담 현장에서 자주 듣는 하소연은 비슷합니다.

"불을 끄고 누우면 한두 시간은 기본으로 뒤척여요."
"새벽에 몇 번씩 깨고 나면 잠이 안 와요."

지금의 한국 사회를 한마디로 표현하자면, 많은 사람이 제대로 잠들지 못하는 사회입니다. OECD 국가 중 수면 시간은 꼴찌입니다, 수면의 질도 낮습니다. 어려서부터 "잠을 줄여야 성공한다"라는 말을 귀에 딱지가 앉도록 들었습니다. 수험생 시절의 '4당 5락'부터 직장인의 '미라클 모닝' 열풍까지, 한국인에게 '잠'은 정복해야 할 대상이거나 게으름의 상징으로 여겨집니다.

하지만 잠을 줄여서 성취를 이루겠다는 생각은 위험한 도박입니다. 서울대병원 정신건강의학과 이유진 교수는 저서 『꿀잠의 과학』에서 "한국인들은 잠을 줄이는 것을 훈장처럼 여기지만, 그것은 뇌의 회복 시스템을 끄고 달리는 폭주 기관차와 같다”라고 강력히 경고합니다(이유진 등, 위즈덤하우스, 2023).

　많은 분이 수면을 ‘배터리 충전 시간’ 정도로 생각하는데요. 스마트폰을 충전기에 꽂아두면 배터리가 빵빵하게 채워지듯, 몸을 침대에 누이면 저절로 에너지가 차오르는 수동적인 시간이라고 믿는 것이죠. 하지만 실제 우리가 생각하는 수면의 모습은 꽤 다릅니다. 우리가 깊은 잠에 빠져 있는 동안, 뇌는 깨어 있을 때보다 더 치열하고 역동적으로 움직입니다. 특히 ‘렘수면REM Sleep’은 낮 동안 상처받고 찢긴 우리의 마음을 봉합하고 치유하는 뇌 속의 은밀한 ‘야간 응급실’입니다.

밤에 열리는 뇌 속의 심리 상담소

　우리의 잠은 크게 두 가지로 나뉩니다. 꿈을 꾸지 않는 깊은 잠인 ‘비렘수면NREM’과 꿈을 꾸는 얕은 잠인 ‘렘수면’이에요. 다음 장에서 다룰 비렘수면이 뇌의 노폐물을 씻어내는 물리적인 ‘청소 시간’이라면, 렘수면은 낮 동안 얽혀버린 감정을 새롭게 정리하는 시간입니다.

　UC 버클리대학의 신경과학자 매슈 워커Matthew Walker 교수는 렘수면을 일컬어 ‘야간 심리 치료Overnight Therapy’라고 합니다. 렘수면에 들어가서 눈동자를 빠르게 움직이며 꿈을 꾸기 시작하면, 뇌의 내부는 깨어 있을 때 절대 일어날 수 없는 놀라운 화학적 변화를 시작합니다. 스트레스를 유발하고 뇌를 긴장시키는 신경전달물질 ‘노르에피네프린Norepinephrine’의 분비가 거의 멈춥니다.

뇌가 스트레스 화학물질에서 벗어나는, '화학적 휴가'인 것입니다. 이 안전하고 평온한 환경 속에서, 뇌는 낮 동안 겪었던 불쾌하고 슬픈 기억을 꺼내어 재생합니다. 그리고 기억 속에 묻어 있는 '고통스러운 감정'은 귤껍질을 벗기듯 벗겨내고, '객관적인 사실'만 남겨서 장기 기억 저장소에 집어넣습니다.

예를 들어, 어제 상사에게 모욕적인 말을 듣고 심장이 쿵쿵거리고 얼굴이 화끈거렸던 기억이 있다고 합시다. 잠들기 전에는 그 기억만 떠올려도 분노가 치밀어 오릅니다(감정+사실). 하지만 렘수면을 거치고 난 다음 날 아침은 어떤가요? '어제 부장님이 좀 심했지'라는 사실 정보는 남아 있지만, 어제처럼 심장이 터질 듯한 분노는 한결 무뎌져 있습니다. 밤사이 뇌가 기억에 달라붙어 있던 감정 반응을 한 겹씩 벗겨냈기 때문입니다.

만약 우리가 렘수면을 통해 이 과정을 거치지 못하면 어떻게 될까요? 우리는 과거의 모든 아픈 기억을 방금 일어난 일처럼 생생하게 느끼며, 만성적인 불안과 외상 후 스트레스 장애PTSD에 시달리게 됩니다.

꿈: 엉뚱함이 만드는 창의성의 요람

렘수면이 주는 또 다른 선물은 인류 진보의 원동력인 '창의성'입니다. 꿈의 내용은 기이하고 엉뚱하죠. 갑자기 하늘을 날거나, 돌아가신 할머니와 커피를 마시기도 하는 등, 논리적으로 말이 안 되는 상황들이 펼쳐집니다. 왜 뇌는 이런 혼란스러운 영상을 만들어내는 걸까요?

렘수면 중에는 논리와 이성, 현실 감각을 담당하는 뇌의 CEO, '전전두엽'의 기능이 잠시 꺼집니다. 엄격한 관리자가 퇴근해 버리면, 뇌 속의 정보 저장소인 해마와 감각 피질들은 제멋대로 뛰어놀기 시작합니다. 이때 뇌는 평소라면 절대 연결하지 않았을, 무관해 보이는 정보를 서로 이어붙이는 '연합Association' 작용이 활발해집니다.

'사과'와 '중력'을 연결하고, '모래'와 '시간'을 연결하는 식이죠. 비틀스의 명곡 〈Yesterday〉의 멜로디가 폴 매카트니의 꿈속에서 탄생했다는 일화나, 멘델레예프가 꿈에서 원소 주기율표의 영감을 얻었다는 이야기는 우연이 아닙니다. 깨어 있는 뇌는 '정답'을 찾느라 뻔한 길만 가지만, 잠든 뇌는 '가능성'을 찾기 위해 가보지 않은 길을 탐험합니다.

혹시 며칠을 끙끙 앓으며 고민하던 문제가 자고 일어났더니 허무할 정도로 쉽게 풀린 경험이 있으신가요? 당신이 코를 골며 자는 사이, 당신의 뇌가 낡은 정보들을 이리저리 조합해 가장 창의적인 답을 찾아 머리맡에 놓아두었기 때문입니다. 그러니 풀리지 않는 난제가 있다면 밤새워 끙끙대지 말고 일단 주무세요. 해결책은 당신의 꿈속에 있습니다.

술 한 잔의 배신: 뇌의 치유를 막는 독

한국의 직장인들은 퇴근 후 스트레스를 풀기 위해, 혹은 잠이 오지 않아서 습관적으로 술을 마시는데요. '술 한 잔 마시고 푹 자야지'라며 캔맥

주를 따는 모습은 우리에게 익숙한 풍경입니다. 알코올이 잠을 부른다고 믿기 때문입니다. 하지만 자기 전의 음주는 최악의 '수면 방해꾼'이자 뇌의 치유를 막는 독입니다.

술은 뇌를 자연스럽게 잠재우지 않습니다. 마치 마취제를 투여해 기절시키는 것과 비슷한 작용을 합니다. 무엇보다 알코올은 우리가 이야기한 '렘수면'을 강력히 차단합니다. 알코올을 분해하면서 나오는 알데하이드aldehyde성분이 렘수면의 발생을 억제하기 때문입니다.

술을 마시고 잔 다음 날, 8시간을 잤는데도 몸이 찌뿌둥하고 개운하지 않으며, 전날의 감정적인 앙금이 그대로 남아 있는 이유가 이것입니다. 뇌가 밤새 받아야 할 심리 치료(렘수면)를 받지 못했기 때문에, 감정의 찌꺼기가 뇌 속에 그대로 쌓여 있는 것이죠. 마음이 힘들어서 술을 마시고 자는 것은, 결과적으로 마음을 치유할 유일한 기회조차 스스로 걸어차 버리는 안타까운 선택입니다.

오늘 밤, 당신의 베개는 어떤 명의보다 훌륭한 정신과 의사가 됩니다. 당신의 뇌가 스스로 치유할 시간을 허락해 주세요. 잠은 시간을 버리는 행위가 아니라, 다음 날의 나를 준비하는 가장 현실적인 투자입니다.

"잠은 신이 인간에게 주신 최고의 선물이다."

호메로스Homerus, 고대 그리스 시인

① **자기 전 '감정의 분리수거'** (Worry Dump)

잠자리에 누워 걱정이 꼬리에 꼬리를 문다면, 머리맡에 작은 노트와 펜을 두세요. 그리고 머릿속을 맴도는 고민거리나 내일 해야 할 일들을 키워드만 간단히 적어두세요. 그리고 뇌에 이렇게 말해 줍니다. "이건 종이에 적어놨으니, 내일 아침에 처리하자. 지금은 잊어도 돼." 뇌는 어딘가에 기록되었다는 사실만으로도 안심하고 경계 태세를 풉니다.

② **렘수면을 지키는 '술 없는 밤'**

정서적으로 힘든 날일수록 술의 유혹을 뿌리치세요. 대신 따뜻한 캐머마일 차나 따뜻한 우유를 한 잔 마시세요. 우유 속의 트립토판tryptophan은 수면 호르몬인 멜라토닌melatonin의 원료가 됩니다. 알코올이 없는 자연스러운 수면만이 당신의 뇌 속에 남은 상처를 아물게 하고, 감정의 독소를 해독할 수 있습니다.

③ **문제 해결을 위한 '수면 인큐베이팅'**

풀리지 않는 문제나 고민이 있다면, 잠들기 직전에 그 주제를 딱 한 번만 깊게 생각하고 주무세요. '이 문제의 답을 꿈속에서 찾고 싶어'라는 의도를 심어주는 것입니다. 무의식은 당신이 자는 동안 그 질문을 붙잡고 씨름하여, 다음 날 아침 샤워하거나 산책할 때 불현듯 '유레카'를 선물할 수 있습니다.

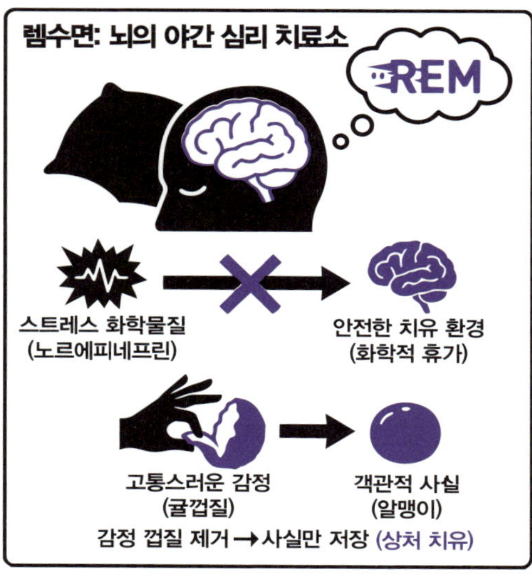
렘수면: 뇌의 야간 심리 치료소
REM
스트레스 화학물질
(노르에피네프린)
안전한 치유 환경
(화학적 휴가)
고통스러운 감정
(귤껍질)
객관적 사실
(알맹이)
감정 껍질 제거 → 사실만 저장 (상처 치유)

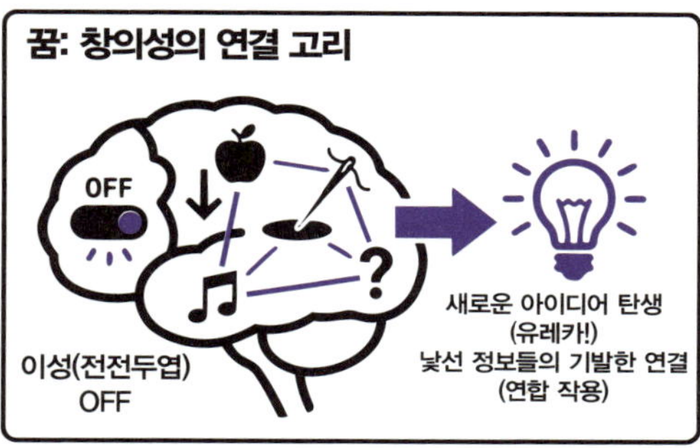
꿈: 창의성의 연결 고리
OFF
이성(전전두엽)
OFF
새로운 아이디어 탄생
(유레카!)
낯선 정보들의 기발한 연결
(연합 작용)

경고: 알코올은 렘수면 차단제
렘수면 억제
치유 실패 → 찌뿌둥한 아침, 감정 찌꺼기 잔존

5장

뇌의 대청소:
글림프 시스템과 물리적 회복

상담 현장에서 이런 표현을 자주 듣습니다.

"머리가 멍해서 아무 생각도 안 나요."
"머릿속에 안개가 낀 것 같아요."

밤샘 작업을 하거나 며칠 동안 잠을 설쳤을 때, 우리는 이런 느낌을 받습니다. 흔히 '브레인 포그Brain Fog'라고 부르는 상태입니다. 단순히 피곤해서 그런 걸까요? 아닙니다. 이것은 단순한 피로가 아니라, 뇌의 물리적 상태 변화에서 비롯된 신호입니다. 뇌에 노폐물이 지나치게 쌓이면 신경세포 기능이 떨어집니다.

앞선 장에서는 꿈을 꾸는 잠(렘수면)이 우리의 상처 입은 감정을 어떻게 치유하는지 이야기했습니다. 만약 렘수면이 '마음의 상담소'라면 오늘 이야기할 깊은 잠(비렘수면)은 '뇌의 청소부'들이 출근하는 시간입니다. 우리가 잠든 사이에 뇌 속에서는 거대한 물청소가 시작됩니다. 이 청소가 제대로 이루어지지 않으면, 마저 청소되지 않은 뇌에는 실제로 노폐물이 축적되기 시작합니다.

뇌 속에 숨겨진 하수도, 글림프 시스템

우리 몸은 끊임없이 에너지를 쓰고 부산물, 즉 노폐물을 만들어냅니다. 근육이나 장기에서 나온 노폐물은 '림프관'이라는 하수도 시스템을 통해 혈관으로 배출되어 몸 밖으로 나갑니다. 그런데 특이한 점이 있습니다. 우리 몸에서 에너지를 가장 많이 쓰는 기관인 '뇌'에는 림프관이 보이지 않는다는 것입니다.

오랫동안 과학자들은 이것을 미스터리로 여겼습니다. "뇌는 도대체 그 많은 쓰레기를 어떻게 처리하는 걸까? 그냥 세포 안에 쌓아두는 걸까?"

이 수수께끼는 2012년이 되어서야 풀렸습니다. 로체스터대학의 마이켄 네더가드Maiken Nedergaard 교수팀이 뇌 속에 숨겨진 비밀 하수도를 발견했습니다. 연구진은 이 시스템에 뇌세포Glia와 림프Lymphatic를 합쳐 '글림프 시스템Glymphatic System'이라는 이름을 붙였습니다(Xie et al., 2013).

발견 자체보다 더 놀라운 사실은 이 시스템이 작동하는 방식입니다. 뇌는 낮 동안에는 청소하지 않습니다. 몸이 깨어 있는 동안 뇌세포들은 정보를 처리하느라 쉴 새 없이 바쁘니까요. 그러다 깊은 잠(비렘수면)에 빠지면, 놀라운 일이 벌어집니다. 뇌세포들이 일제히 크기를 60% 정도로 줄입니다. 그러면 빽빽했던 세포들 사이에 틈이 생기고 공간이 넓어집니다.

그 순간, 뇌를 감싸고 있던 뇌척수액이 그 틈새로 들어옵니다. 마치 고압 세척기로 도로의 찌든 때를 씻어내듯, 뇌척수액은 낮 동안 세포 사이에 쌓인 독소들을 쓸어내어 혈관으로 배출합니다. 이 대대적인 세척 작업은 우리가 깊이 잠들었을 때만 일어납니다. 잠이 부족한 상태가 지속되면, 뇌는 노폐물을 처리할 시간을 잃습니다.

뇌의 파산 선고, 수면 부채와 치매

매일 밤 뇌가 씻어내려는 이 '쓰레기'의 정체는 무엇일까요? 대표적인 것이 '베타-아밀로이드β-amyloid, Aβ'라는 단백질입니다. 이 이름이 낯익으신가요? 맞습니다. 알츠하이머 치매의 주범인 독성 단백질입니다.

우리가 깨어 활동하는 동안 뇌세포는 부산물로 베타-아밀로이드를 계속 만들어냅니다. 이것은 끈적끈적해서 뇌세포 사이에 잘 달라붙습니다. 정상적인 뇌라면 밤에 글림프 시스템이 작동하여 이 독성 단백질을 깨끗이 씻어냅니다. 하지만 만성적인 수면 부족에 시달린다면 찌꺼기가 남게 되고, 10년, 20년 쌓이면 뇌세포의 연결을 끊습니다.

국내 수면 분야의 권위자인 강동경희대병원 신경과 신원철 교수는 여러 칼럼과 인터뷰를 통해 '수면 부채Sleep Debt'의 위험성을 강력하게 경고

합니다. 그는 "잠을 줄이는 것은 뇌에 고금리 사채를 쓰는 것과 같다"라고 설명합니다.

하루에 필요한 잠이 7시간인데 5시간을 잤다면, 우리는 뇌에 2시간의 빚을 진 것입니다. 문제는 이 빚에 '복리 이자'가 붙는다는 점입니다. 평일에 잠을 줄이고 주말에 몰아서 자면 된다고 생각하지만, 한번 손상된 뇌세포와 축적된 베타-아밀로이드는 주말의 늦잠만으로는 완전히 회복되지 않습니다. 빚이 감당할 수 없을 만큼 불어나면, 뇌세포의 기능 저하와 연결 손상이 누적되며 치매 위험이 크게 높아집니다.

워싱턴대학의 연구팀은 하룻밤만 잠을 못 자도 뇌척수액 속의 베타-아밀로이드 수치가 급격히 상승한다는 사실을 밝혀냈습니다. '잠'은 피로 해소를 넘어, 뇌의 장기적인 건강을 지키는 가장 현실적인 보호 장치입니다.

잠든 사이 일어나는 또 하나의 기적: 기억의 이사

낮 동안 우리가 배우고 경험한 내용은 일단 해마에 임시로 저장됩니다. 해마는 용량이 작은 단기 저장소니까요. 이 내용들이 장기 기억으로 자리 잡으려면 대뇌피질의 영구 저장소로 옮겨져야 하는데, 이 '이사' 작업이 바로 깊은 잠, 비렘수면 중에 일어납니다. 뇌과학에서는 이를 '기억 공고화**Memory Consolidation**'라고 합니다.

시험 전날 밤새워 공부하는 것이 효과가 없는 이유가 여기 있습니다.

아무리 많은 내용을 머릿속에 집어넣어도, 잠을 자지 않으면 해마의 임시 파일이 영구 저장소로 넘어가지 않거든요. 하버드 의대 연구진은 학습 후 8시간을 잔 그룹이 밤샘한 그룹보다 기억 보존율이 40% 이상 높았다는 사실을 확인했습니다. 공부한 뒤 꿀잠을 자는 것은 게으름이 아니라, 배운 것을 뇌에 단단히 고정하는 가장 확실한 방법이에요.

뇌는 글림프 시스템으로 독소를 씻어내는 동시에, 기억을 정리하고 이동시키는 일도 함께 해냅니다. 잠자는 동안 뇌는 쉬는 것이 아니라 낮 동안 쌓인 것들을 정리하고 내일을 준비하는 거죠. 한 시간의 잠을 아끼는 것은 그 정리 시간 전부를 빼앗는 일입니다.

"잠은 뇌를 위한 가장 적극적인 치료 행위다."

매슈 워커, 신경과학자

① 왼쪽으로 누워 자기 (측면 수면)

놀랍게도 수면 자세가 뇌 청소 효율에 영향을 줄 수 있습니다. 연구에 따르면, 똑바로 눕거나 엎드려 자는 것보다 '옆으로 누워 잘 때' 글림프 시스템의 순환이 더 원활했습니다(Lee et al., 2015). 척추의 정렬과 중력의 영향 때문으로 추정합니다. 위산 역류를 막고 심장의 부담을 줄이기 위해서라도, 오늘 밤은 왼쪽으로 누워 웅크린 자세(태아 자세)로 잠을 청해 보세요. 뇌의 하수도가 활짝 열릴 것입니다.

② 카페인 마감 시간 정하기 (오후 2시)

한국인의 커피 사랑은 정말 대단하죠. 하지만 카페인은 뇌세포가 수축하는 것(청소 준비)과 깊은 잠을 방해해요. 카페인의 반감기(체내 농도가 절반으로 줄어드는 시간)는 사람에 따라 5~8시간이나 됩니다. 오후 4시에 마신 커피의 절반이 밤 10시에도 뇌에 남아 눈을 말똥말똥하게 만드는 거죠. 안전하게 뇌 청소를 돕고 싶다면, 점심 이후에는 디카페인 음료나 허브 티를 선택하는 지혜가 필요합니다.

뇌는 평생 변화한다: 신경가소성의 기적

6장

"이제 나이 들어서 머리가 굳었나 봐. 돌아서면 까먹고, 새로운 건 도통 들어오질 않네."

어머니가 돋보기를 고쳐 쓰며 스마트폰 사용법을 물으실 때 자주 하시는 말씀인데요. 어르신들만의 이야기가 아닙니다. 서른만 넘어도 우리는 "왕년엔 총명했는데…" "이젠 뇌세포가 다 죽었어"라며 자신의 뇌가 쇠퇴하고 있다고 철석같이 믿곤 하니까요. 우리는 흔히 뇌를 일종의 기계 장치로 생각합니다. 새것일 때는 쌩쌩 돌아가지만, 시간이 지날수록 부품이 마모되고 고장 나면 고칠 수 없는 그런 기계 말입니다.

하지만 연구를 통해 수없이 확인한 사실이 있습니다. 우리가 흔히 믿는 그 생각은 틀렸습니다. 당신의 뇌는 한 번 만들어지고 끝나는 기계라기보다, 돌보고 사용하는 방식에 따라 계속 달라지는 '생명체'입니다. 신경가소성Neuroplasticity은 지난 수십 년간 뇌과학의 관점을 근본적으로 바꾼 개념입니다. 뇌**Neuro**와 가소성**Plasticity**, 형태를 바꿀 수 있는 성질의 합성어로, 뇌가 마치 외부의 압력에 자유자재로 변하는 점토나 플라스틱처럼 경험에 따라 형태와 기능을 유연하게 변화시킬 수 있음을 의미합니다.

저글링 하는 뇌: 소프트웨어가 하드웨어를 바꾼다

뇌가 물리적으로 변한다는 것을 증명한 재미있는 연구가 있습니다. 독일 레겐스부르크대학의 아르네 마이**Arne May** 박사팀이 진행한 '저글링 실험'입니다. 연구팀은 저글링을 전혀 할 줄 모르는 일반인을 모집해서 3개월 동안 매일 저글링을 연습시켰습니다. 그리고 연습 전후의 뇌를 MRI로 촬영해 비교해 보았는데요. 결과는 흥미로웠습니다.

단 3개월 만에 참가자들의 뇌에서 시각적 움직임을 감지하는 영역의 회색질 부피가 눈에 띄게 증가했습니다(Draganski et al., 2004). 공 3개를 공중에 띄우고 잡는 새로운 기술을 익히기 위해, 뇌가 스스로 회로를 늘리고 튼튼하게 보강 공사를 한 셈입니다.

더 흥미로운 점은 그다음입니다. 연구팀은 참가자들에게 3개월 동안 저글링을 하지 못하게 했습니다. 그러자 늘어났던 뇌의 부피는 원래대로 줄어들었습니다. 이게 무엇을 의미할까요? 뇌는 우리가 '무엇을 하느냐'에 따라 실시간으로 변한다는 것입니다.

"쓰면 발달하고, 안 쓰면 사라진다(Use it or lose it)."

이것이 뇌의 제1 원칙입니다.

뇌 속에 길을 내는 법: 익숙함을 거부하라

그렇다면 어떻게 해야 뇌를 변화시킬 수 있을까요? 캐나다의 심리학자 도널드 헵**Donald Hebb**은 신경가소성의 핵심 원리를 간결하게 정리합니다.

"함께 발화하는 뉴런은 함께 연결된다(Neurons that fire together, wire together)."

이 과정을 이해하기 쉽게 비유하자면, 처음에는 낯선 길을 만드는 일과 비슷합니다. 당신의 뇌가 울창한 아마존 정글이라고 생각하세요. 처음 새로운 것(예: 피아노, 외국어)을 배울 때는 길이 없어서 낫으로 덤불을 헤치며 힘겹게 나아가야 합니다. 뇌에 과부하가 걸리고 머리가 지끈거리는 단계죠. 하지만 오늘 지나간 그 길을 내일 또 지나가면 밟힌 풀들이 누워 희미한 오솔길이 생깁니다. 일주일이 지나면 흙길이 다져지고, 1년간 매일 다니면 그곳엔 튼튼한 고속도로가 뚫립니다.

한국의 대표적인 뇌과학자인 박문호 박사는 강연과 저서 『뇌, 생각의 출현』에서 반복과 자동화에만 머무를 때 뇌의 변화가 멈춘다고 합니다(박문호, 휴머니스트, 2008). 우리가 나이 들어서 '머리가 굳었다'라고 느끼는 진짜 이유는, 뇌세포가 죽어서가 아니라 '뇌에 새로운 길을 내는 고단함'

을 피하고 있기 때문입니다.

매일 다니던 길, 매일 먹던 음식, 매일 만나는 사람…. 익숙한 패턴대로만 살면 뇌는 에너지를 쓸 필요가 없습니다(기저핵의 자동화). 편안하지만, 뇌는 서서히 퇴화하죠. 반면 낯선 외국어를 배우거나 새로운 악기를 연주할 때, 우리 뇌는 비상사태를 선포합니다. "어? 이건 없는 길인데?" 뇌는 정글에서 낫으로 덤불을 헤치듯, 신경세포들 사이에 새로운 연결(시냅스)을 만드느라 분주해집니다. 이때 느끼는 피로와 부담감은, 새로운 신경 연결이 형성되고 있다는 신호로 해석할 수 있습니다.

성인의 뇌도 충분히 젊다

물론 어린아이의 뇌는 스펀지처럼 흡수력이 좋은 '결정적 시기'를 가집니다. 하지만 성인의 뇌에는 아이들이 갖지 못한 강력한 무기가 있습니다. '이해력'과 '기존 지식과의 연합 능력'입니다.

성인의 뇌는 백지 위에 그림을 그리는 것이 아니라, 이미 그려진 수만 개의 그림을 연결해 새로운 걸작을 만드는 방식으로 학습합니다. 제가 아는 60대의 지인은 은퇴 후 처음으로 첼로를 배우기 시작했는데요. 처음에는 손가락이 굳어 고생하셨지만, 음악의 구조를 이해하고 감정을 실어 연주하는 깊이는 젊은 전공자들도 놀랄 정도였습니다.

70대, 80대에도 외국어를 마스터하거나 대학 학위를 따는 분들의 뇌는 20대 못지않게 젊고 건강합니다. 뇌를 늙게 만드는 건 흐르는 세월이 아니라, "이제 와서 뭘 배워" "이 나이에 주책이지"라고 말하며 호기심의 문을 닫아 버리는 마음입니다.

신경가소성은 우리에게 엄청난 희망이자, 동시에 무거운 책임을 줍니다. 뇌가 변한다는 것은, 나쁜 쪽으로도 변할 수 있다는 뜻이기 때문이죠. 매일 불평을 입에 달고 살면, 뇌에는 '불평의 고속도로'가 뚫립니다. 반대로 매일 작은 감사를 찾고 새로운 것을 배우려 노력하면, 뇌에는 '긍정과 성장의 오솔길'이 생깁니다. 결국 일상의 선택과 반복이 뇌의 구조와 기능을 만들어갑니다.

"우리는 뇌를 바꿈으로써 인생을 바꿀 수 있다."

월리엄 제임스William James, 심리학의 아버지이자 철학자

◆ 실천 팁: 굳어가는 뇌를 깨우는 '뉴로빅스' 3가지

① 안 쓰던 손 사용하기

에어로빅이 몸의 근육을 깨운다면, '뉴로빅스 Neurobics'는 뇌의 신경을 깨웁니다. 가장 쉽고 강력한 방법은 '비우세 손(평소에 자주 사용하지 않는 손)'을 쓰는 것입니다. 오른손잡이라면 왼손으로 양치를 하거나, 빗질하거나, 젓가락질을 해보세요. 익숙하지 않은 동작을 처리하느라 뇌의 반대쪽 반구가 비상등을 켜고 깨어납니다. 이 작은 불편함이 뇌에 신선한 자극제인 '아세틸콜린 Acetylcholine, ACh'을 분비시킵니다.

② 낯선 길로 산책하기

매일 다니던 출퇴근길이나 산책로 대신, 한 번도 가보지 않은 골목길로 걸어보세요. 해마의 '장소 세포 Place Cell'가 격렬하게 활동하기 시작합니다. 새로운 풍경, 냄새, 소리가 뇌 전체의 감각 지도를 다시 그리게 만듭니다. 길을 잃을까 봐 두려워하지 마세요. 길을 잃는 순간 뇌는 가장 똑똑해집니다.

③ '완전히' 새로운 취미 도전하기

하던 일의 연장선이 아닌, 전혀 다른 분야에 도전하세요. 숫자를 다루는 직업이라면 그림을 그리고, 온종일 앉아 있는 직업이라면 춤을 배우세요. 뇌는 낯선 자극을 만날 때 도파민(집중)과 아세틸콜린(학습)을 분비하며 가장 활발하게 리모델링 공사를 시작합니다. 잘할 필요는 없습니다. 낯설고 서툰 그 느낌을 즐기세요.

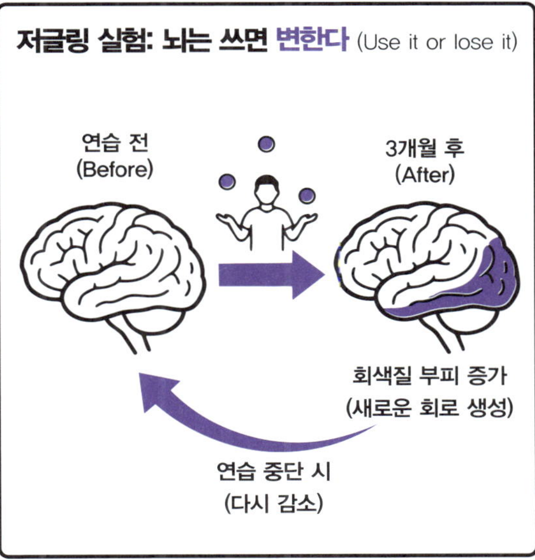

저글링 실험: 뇌는 쓰면 변한다 (Use it or lose it)
연습 전
(Before)
3개월 후
(After)
회색질 부피 증가
(새로운 회로 생성)
연습 중단 시
(다시 감소)

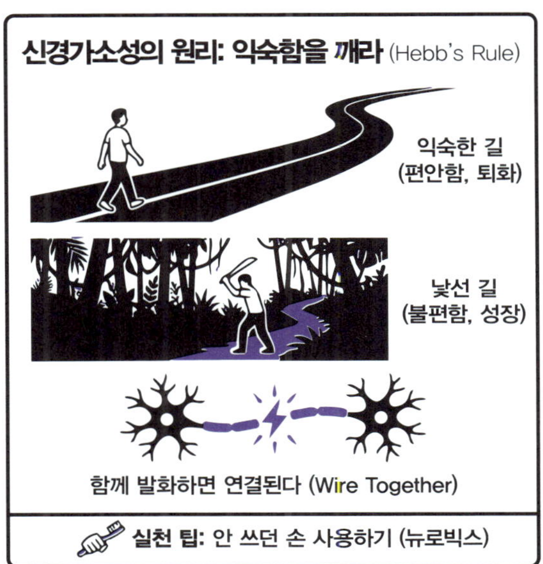

신경가소성의 원리: 익숙함을 깨라 (Hebb's Rule)
익숙한 길
(편안함, 퇴화)
낯선 길
(불편함, 성장)
함께 발화하면 연결된다 (Wire Together)
실천 팁: 안 쓰던 손 사용하기 (뉴로빅스)

우리는 1부에서 뇌가 스트레스에 어떻게 반응하고, 기억과 감정이 뇌 속에서 어떻게 작동하는지 보았습니다. 지금부터는 설명을 넘어서, 실제로 뇌를 다시 회복시키는 방법을 살펴보려 합니다.

많은 사람이 뇌 회복을 머리로만 해결하려 하지만, 실제로 가장 빠르게 개입할 수 있는 통로는 몸입니다.

2부에서는 호흡, 운동, 음식 섭취 등 신체적 감각을 통해 뇌를 리셋하고 다시 일으켜 세우는 구체적인 방법들을 이야기해 보겠습니다.

PART 2

다시 일어서는 뇌의 힘
(회복하기1: 신체 & 감각)

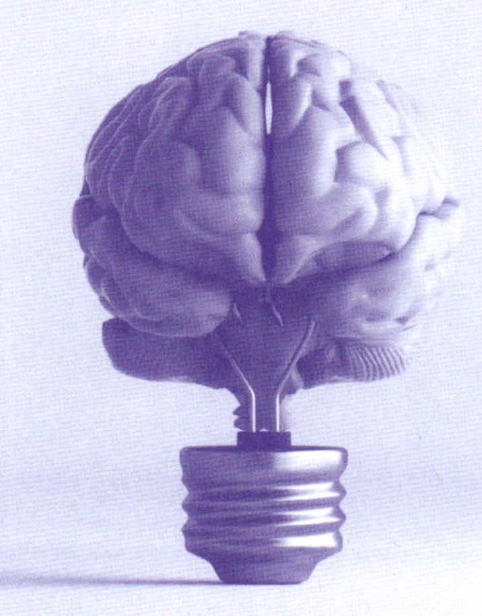

호흡의 뇌과학: 뇌를 끄는 비상 스위치

"선생님, 머리로는 알겠는데 몸이 말을 안 들어요. 심장이 터질 것 같아서 아무 생각도 안 난다고요."

면접 대기실이나 중요한 발표 직전, 혹은 상사에게 불려갔을 때를 떠올려 보세요. 우리는 자신에게 주문을 겁니다. '진정해, 쫄지 마, 별거 아니야.' 실제로 이런 방식은 긴장을 낮추는 데 도움이 안 됩니다. 오히려 '긴장하지 말아야지'라고 생각할수록 심박수는 더 빨라지고, 몸은 더 뻣뻣해집니다.

그 이유는 뇌와 몸을 조절하는 시스템의 성격 때문입니다. 심장 박동, 소화, 혈압 같은 생명 유지 기능은 우리의 의지가 닿지 않는 '자율신경계'가 알아서 조종하기 때문인데요. 우리가 명령한다고 심장이 멈추거나 위장이 소화를 게을리하지 않는 것처럼, 긴장돈 심장을 생각만으로 느긋하게 할 수는 없습니다.

그런데 놀랍게도, 이 자율신경계에 직접 영향을 줄 수 있는 예외적인 통로가 하나 있습니다. 바로 '호흡'입니다. 숨쉬기는 자율신경의 통제를 받지만(잘 때도 숨을 쉬니까요), 동시에 우리가 의식적으로 조절할 수 있는 유일한 기능이에요. 지금부터는 호흡을 통해 과도하게 각성된 뇌 상태를 낮추는 원리에 관해 이야기해 보려 합니다.

뇌의 리모컨: 액셀과 브레이크

우리 몸의 자율신경계는 마치 자동차와 같습니다. 두 가지 상반된 시스템이 팽팽하게 균형을 맞추고 있는데요. 하나는 '교감신경'입니다. 자동차의 엑셀과 같습니다. 1장에서 보았듯 뇌가 위기를 감지하면 교감신경을 작동시켜 심장을 뛰게 하고 근육을 긴장시킵니다. 적과 싸우거나 도망치기 위해서죠. 다른 하나는 '부교감신경'으로 자동차의 브레이크입니다. 안전할 때 작동하여 심박수를 낮추고, 몸을 이완시켜 휴식하게 합니다.

문제는 교감신경이 과도하게 활성화된 상태가 일상처럼 굳어 있다는 점입니다. 끊임없는 알람 소리, 업무 압박, 미래에 대한 불안으로 인해 교감신경(엑셀)이 24시간 풀가동합니다. 이러니 뇌와 몸은 항상 과열 상태입니다. 이때 억지로 긍정적인 생각을 하려는 건, 시속 100km로 달리는 차 안에서 브레이크도 밟지 않은 채, 말로만 "천천히 가자"라고 하는 겁니다. 이때는 신체적으로 부교감신경을 활성화시키는 자극이 필요합니다. 가장 확실한 브레이크가 '느린 호흡'입니다.

숨을 내쉴 때 일어나는 마법

한국을 대표하는 정신과 전문의 이시형 박사는 저서 『세로토닌하라!』에서 "한국인은 성격이 급해 숨을 들이마시는 것(흡기)에만 집중하고, 제대로 내뱉을 줄 모른다"라고 지적합니다(이시형, 중앙북스, 2010).

들이마시는 숨은 교감신경을 자극해 몸을 긴장시키지만, 내뱉는 숨(호기)은 부교감신경을 자극해 몸을 이완시킵니다. 우리가 한숨을 푹 쉬거나, 안도할 때 '휴~' 하고 숨을 내뱉는 것은 뇌가 살기 위해 브레이크를 밟는 행위입니다.

숨을 천천히 길게 내뱉으면 횡격막이 움직입니다. 그러면 뇌와 장기를 연결하는 '미주신경'이 자극됩니다. 미주신경은 즉시 뇌에 이러한 신호를 보냅니다.

"숨을 아주 천천히 쉬는 걸 보니, 지금 상황은 안전한가 봐. 경계 태세를 해제하고 좀 쉬자."

그러면 부교감신경이 활성화되며 미주신경 말단에서 '아세틸콜린'이라는 신경전달물질을 분비해 심장 박동을 즉각적으로 늦추고 혈압을 떨어뜨립니다. 우리가 마음속으로 '진정해'라고 백 번 외치는 것보다, 한 번 깊게 숨을 내쉬는 것이 뇌에는 더없이 즉각적인 '안전 신호'가 됩니다. 생각으로 몸을 바꾸긴 어렵지만, 몸(호흡)으로 뇌를 바꾸기는 쉬우니까요.

네이비 씰의 비밀 무기

실제로 이 원리는 극한의 상황에서 검증되었습니다. 세계 최고의 특수 부대 가운데 하나인 미 해군 네이비 씰United States Navy SEALs 대원들은 총알이 빗발치는 전장에서도 냉정을 잃지 않기 위해 '박스 호흡Box Breathing'을 훈련합니다. 4초간 들이마시고, 4초간 숨을 참고, 4초간 내쉬고, 4초간 멈추는 방식입니다. 공포에 질려 패닉에 빠질 수 있는 순간, 그들은 호흡을 통해 뇌의 편도체를 진정시킵니다. "숨을 통제하는 자가 상황을 통제한다"라는 그들의 격언은 단순한 구호가 아닙니다. 뇌과학적인 사실입니다.

감정은 숨결에 실려 온다

벨기에의 심리학자 피에르 필리포Pierre Philippot 교수는 기발한 실험을 진행했습니다. 참가자들에게 기쁨, 분노, 두려움, 슬픔을 느낄 때의 호흡 패턴을 조사했는데요. 그 결과 감정마다 호흡의 리듬이 다르다는 것을 발견했습니다.

반대로, 아무런 감정이 없는 상태에서 특정 호흡 패턴만 따라 하게 했더니, 참가자들은 그 호흡에 해당하는 감정을 실제로 느꼈습니다. 거칠게 숨을 쉬면 불안해지고, 느리게 숨을 쉬면 평온해진 것이죠.

이것은 감정이 숨을 바꾸기도 하지만, 반대로 숨이 감정을 만들기도 한다는 결정적인 증거입니다. 화가 나서 씩씩거리는 게 아니라, 씩씩거리며 숨을 쉬니까 뇌가 '아, 지금 화난 상태구나!'라고 확신하게 되는 악순환인 셈이죠. 그러니 감정의 파도에 휩쓸릴 때는, 억지로 기분을 바꾸려 하지 말고 호흡의 리듬을 바꿔보세요. 뇌는 바뀐 숨결을 따라 자연스럽게 평온을 되찾습니다.

"호흡은 우리가 가진 가장 작은 행동이자, 가장 큰 변화의 씨앗이다."

틱낫한Thich Nhat Hanh, 불교 지도자이자 평화운동가

① 4-7-8 호흡법 (불면증과 불안에 특효)

대체의학 권위자 앤드루 와일[Andrew Weil] 박사가 개발한 방법으로, 부교감신경을 강제 소환하는 가장 강력한 기술입니다.

4초 동안 코로 숨을 조용히 들이마십니다.

7초 동안 숨을 참습니다(산소가 혈액에 충분히 퍼지게 합니다).

8초 동안 입으로 '후~' 소리를 내며 천천히, 끝까지 내뱉습니다.

이것을 4회만 반복해 보세요. 거짓말처럼 심장이 차분해집니다.

② 한숨의 재발견 (생리적 한숨)

스탠퍼드대학의 앤드루 휴버먼[Andrew David Huberman] 교수는 스트레스를 즉각적으로 줄이는 방법으로 '두 번 들이마시고 길게 내뱉기[Physiological Sigh]'를 추천합니다.

코로 짧게 두 번 들이마십니다(폐의 꽈리를 팽창시킵니다).

입으로 길게 한 번 내뱉습니다(이산화탄소를 배출합니다).

답답할 때 저절로 나오는 한숨은 예의 없는 행동이 아니라, 뇌가 살기 위한 본능적인 응급처치입니다. 참지 말고 시원하게 내쉬세요.

운동은 뇌를 위한 약이다:
BDNF와 신경 생성

"운동 좀 하세요."

병원 진료실에서 자주 듣는 말인데요. 그런데 이상하게도 실천으로 이어가기가 쉽지 않은 조언이에요. 많은 분이 운동을 떠올리면 헬스장의 무거운 기구나 숨이 턱 끝까지 차오르는 러닝머신 위의 달리기를 먼저 생각합니다. 그리고 어딘가엔 늘 "운동으로 살도 빼야 한다"라는 압박감이 따라붙습니다. 상담 현장에서도 운동을 그렇게 인식하는 분들을 자주 만납니다.

뇌과학의 관점에서 보면 운동은 전혀 다른 의미를 갖습니다. 하버드 의대의 존 레이티 교수는 저서 『스파크Spark』에서 이렇게 말합니다.

"운동의 진정한 목적은 근육을 만드는 것이 아닙니다. 뇌를 단련하는 것입니다."

우리가 땀 흘려 운동할 때 가장 큰 혜택을 받는 기관은 심장도 폐도 아닌 '뇌'입니다. 운동을 시작하면 뇌로 가는 혈류량이 20% 이상 증가합니다. 막혀 있던 길이 트이듯 산소와 포도당이 신경세포 구석구석으로 전달됩니다. 그래서 운동은 단순한 체력 관리가 아니라, 뇌를 깨우는 자극이라고 할 수 있습니다. 이 장에서는 운동이 무기력에 빠진 뇌를 어떻게 깨우고, 인지 기능 저하를 막아내는지 알아보겠습니다.

운동 중 활성화되는 신경전달물질의 변화

우울하고 짜증 나는 날, 억지로라도 몸을 일으켜 20분만 빠르게 걷고 들어오면 어떤가요? 신기하게도 머릿속을 꽉 채우던 먹구름이 걷히고, 마음이 한결 가벼워지는 것을 느껴보셨을 겁니다. '아까는 내가 왜 그렇게 화를 냈지?'라며 여유마저 생깁니다.

이 변화는 주관적인 느낌이 아니라, 실제 뇌 화학 반응과 관련되어 있습니다. 당신이 걷고 뛰는 동안, 뇌 속에서는 여러 신경전달물질이 동시에 활성화되기 때문이죠. 심장이 평소보다 빠르게 뛰면, 뇌는 이를 감지하고 기분을 좋게 만드는 화학물질들을 황금 비율로 섞어 분비합니다. 일반적인 항우울제나 항불안제는 특정 신경전달물질 조절에만 초점을 둡니다. 그러니 부작용도 따르죠. 하지만 운동은 다릅니다.

도파민Dopamine : 운동을 시작하면 즉각적으로 분비되어 '기분 좋다! 더

하고 싶다!'라는 의욕을 북돋아 주며 무기력을 떨쳐냅니다.

세로토닌Serotonin: 마음의 요동을 잠재우고 평온함을 선물합니다.

노르에피네프린Norepinephrine: 멍했던 머리를 깨우고 집중력을 높여줍니다.

엔도르핀Endorphin: 운동의 고통을 잊게 하고 묘한 황홀감을 느끼게 합니다.

운동은 이 모든 성분을 부작용 하나 없이, 그것도 공짜로 뇌에 공급합니다. 실제로 여러 정신의학 연구에서 운동은 항우울 효과를 보이는 치료로 평가합니다.

근육과 뇌를 연결하는 신호 물질, 마이오카인

최근 뇌과학계의 뜨거운 감자는 근육에서 분비되는 호르몬인 '마이오카인Myokine'입니다. 예전에는 근육이 단순히 몸을 움직이거나 뼈를 지탱하는 기계적 장치인 줄 알았는데, 알고 보니 뇌와 소통하는 거대한 내분비 기관이라는 사실이 밝혀지고 있습니다.

근육이 수축하면 마이오카인이 분비되고, 이 물질이 혈류를 타고 뇌로 이동하는데요. 가톨릭대학교 의과대학 나해란 교수는 "운동 중 분비된 마이오카인이 뇌세포 생성을 촉진하고 인지 기능 향상에 기여한다"라고 합니다(나해란, 2023).

그중에서 마이오카인의 일종인 '이리신Irisin'과 '카텝신Cathepsin B'은 뇌혈관 장벽BBB을 통과하여 뇌에 도착한 뒤, 'BDNF(뇌유래신경영양인자)'의 생성을 폭발적으로 촉진합니다. 3장에서 배웠던 '뇌의 기적의 비료' 기억하시죠? 다시 말해, 근육을 움직이는 활동이 노화와 스트레스로 인한 인지 저하를 막습니다. 운동은 뇌의 구조와 기능을 동시에 깨우는 가장 강력한 생물학적 자극제입니다.

우울증 치료제 vs 운동, 무엇이 다를까요?

운동의 효과는 단순히 기분 전환 수준에 그치지 않습니다. 듀크대학의 제임스 A. 블루멘탈James A. Blumenthal 교수팀은 우울증 환자를 대상으로 약물치료 그룹과 운동 그룹을 비교해 봤습니다. 4개월 후 결과는 어땠을까요? 두 그룹 모두 우울증 증상이 비슷하게 호전되었습니다. 즉, 운동이 약물만큼이나 강력한 치료 효과를 보였다는 뜻입니다.

그런데 좀 더 충격적인 반전은 6개월 뒤에 나타났습니다. 약물만 먹은 그룹은 38%가 우울증이 재발했지만, 운동만 한 그룹은 재발률이 8%에 불과했습니다. 약물은 뇌의 화학적 불균형을 억지로 맞추지만, 운동은 뇌 스스로가 회복하는 힘, 즉 '자생력'을 키워줬습니다.

무엇보다 환자들은 '약이 나를 고쳤다'가 아니라 '내가 땀 흘려 나를 고쳤다'라는 자기 효능감을 얻습니다. 이것이 지독한 무기력과 마음의 병이 다시 찾아오지 못하게 막는 강력한 방패입니다.

움직이도록 진화한 뇌

이런 반응은 진화적 관점에서 보면 너무나 당연합니다. 우리는 움직여야만 살 수 있었던 수렵 채집인의 후손이니까요. 우리의 조상들은 하루 평균 10~20km를 걷거나 뛰었습니다. 사냥감을 쫓고, 맹수를 피하고, 새로운 터전을 찾아 끊임없이 이동했습니다. 이때 뇌는 풀가동되어야 합니다. "저기 사자가 있나?" "이 길은 안전한가?" 하고 늘 안테나를 세워 주변을 살핍니다. 즉, 인간의 뇌는 몸이 움직일 때 가장 똑똑하게 작동하도록 설계되었습니다.

그런데 현대인은 어떤가요? 깨어 있는 시간 대부분을 의자에 엉덩이를 붙입니다. 전문가들은 하루 8시간 이상 앉아 있는 것을 '신종 흡연New Smoking'이라 부를 만큼 위험하게 봅니다. 신체 활동을 멈추면 뇌는 이렇게 판단합니다.

'음, 이제 움직일 필요가 없네? 에너지를 아끼기 위해 뇌세포들을 좀 정리해야겠다.'

앉아 있는 생활은 뇌를 '절전 모드'를 넘어, 아예 '퇴화 모드'로 밀어 넣습니다. 생각의 속도가 눈에 띄게 느려지고 자꾸 깜빡거리며(인지 저하), 감정까지 가라앉아 꼼짝도 하기 싫다면(무기력), 이것은 뇌가 보내는 분명한 경고 신호입니다. "제발 나를 좀 깨워줘!"라고 말입니다.

우울해서 운동을 못 하는 걸까요? 아니면 운동하지 않아서 몸과 뇌가 무거워진 걸까요? 작은 움직임이라도 시작하면 몸이 먼저 반응합니다. 그리고 마음이 그 뒤를 따라옵니다. 심장이 뛰기 시작하면, 뇌도 함께 살아납니다.

"운동은 정신과 의사가 처방할 수 있는 가장 저평가된 항우울제다."

존 레이티, 하버드 의과대학 정신의학과 교수

◆ 실천 팁: 뇌를 깨우는 운동 처방전 3가지

① '지금 바로' 걷기

거창한 헬스장 회원권은 필요 없습니다. 엘리베이터 대신 계단을 이용하고, 점심 시간에 10분만 산책하세요. 뇌로 가는 혈류량이 즉시 늘어나고, 오후 업무 집중력이 달라집니다. 가장 좋은 운동은 '지금 할 수 있는 운동'입니다.

② 심박수를 높이는 유산소 운동

뇌유래신경영양인자 생성에는 걷기보다 달리기, 수영, 자전거 타기 등 심박수를 높이는 유산소 운동이 더 효과적입니다. 주 3회, 30분 정도, 옆 사람과 대화하기 약간 숨 찰 정도(중강도)면 충분해요. 땀방울 하나가 뇌세포 하나를 살립니다.

③ 복잡한 운동 섞어주기

단순 반복 운동도 좋지만, 테니스, 배드민턴, 춤처럼 기술이 필요하고 파트너와 상호작용해야 하는 운동은 소뇌와 전전두엽을 동시에 자극합니다. 몸을 움직이며 머리까지 써야 하니 뇌 전체의 신경망이 훨씬 촘촘해지겠죠.

9장

뇌를 위한 식탁:
장-뇌 축과 영양 정신의학

"스트레스받았으니까 매운 떡볶이 먹어야지."

"당 떨어졌어. 케이크 한 조각은 괜찮겠지?"

혹시 이런 말, 자주 하지 않으시나요? 사실 스트레스받을 때 자극적인 음식이 당기는 건 너무나 자연스러운 일입니다. 먹는 순간만큼은 기분이 좋아지니까요. 그런데 오래가던가요? 대개는 그렇지 않습니다. 잠깐 기분이 좋아졌다가, 오히려 더 피곤하고 예민해졌다고 느끼는 분들이 많습니다.

우리는 흔히 뇌가 느끼는 감정을 달래기 위해 음식을 먹는다고 생각하죠. 그러나 음식과 감정의 관계는 우리가 믿어온 순서와 다를 수 있습니다. 최근 연구들은, 무엇을 먹느냐가 우리의 감정 상태를 직접 결정짓는다는 걸 보여줍니다.

서양 속담에 "You are what you eat(당신이 먹는 것이 곧 당신이다)"라는 말이 있죠. 이 표현은 사실에 가까운데요. 뇌는 체중 대비 매우 많은 에너지를 소비하는 기관입니다. 자동차에 불량 휘발유를 넣으면 엔진이 덜덜 거리듯, 뇌에 정크푸드를 넣으면 우리의 감정과 생각도 고장 날 수밖에 없습니다. 이번 장에서는 뇌와 음식을 연결하는 비밀 통로, '장-뇌 축Gut-Brain Axis'에 대해 이야기하겠습니다.

장 신경계와 감정 조절의 관계

장腸은 단순히 음식만 소화하는 튜브가 아니라, 무려 1억 개 이상의 신경세포가 촘촘히 박혀 있는 '제2의 뇌Second Brain'입니다. 뇌와 장은 '미주 신경'이라는 전용 고속도로를 통해 실시간으로 신호를 주고받는데요. 의외의 사실은, 이 신호의 상당 부분이 뇌에서 장으로 가는 게 아니라, 장에서 뇌로 올라간다는 점입니다.

즉, 뇌가 장에게 명령하는 게 아니라, 장의 상태가 뇌의 기분을 좌지우지한다는 뜻이죠. 배가 고플 때 유독 짜증이 나고, 속이 더부룩할 때 만사가 귀찮고 우울해지는 것은 우연이 아닙니다. 장의 불편한 상태가 뇌로 고스란히 전달되어 부정적인 감정을 만들어낸 결과입니다.

행복 호르몬 공장은 뇌가 아니라 '장'에 있다

우울증 치료제의 핵심 타깃이자 우리에게 행복과 안정감을 주는 신경전달물질, '세로토닌'. 의외의 사실은, 체내 세로토닌의 대부분이 뇌가 아니라 장에서 만들어진다는 점입니다. 이 행복 공장을 부지런히 돌리는 일꾼들이 '장내 미생물Microbiome' 친구들인데요. 뱃속의 유익균들이 건강하게 활동해야 세로토닌이 분비되고, 뇌도 행복합니다. 반대로 인스턴트식품과 항생제 남용으로 장내 환경이 유해균으로 가득 차면, 세로토닌 공장이 멈추죠. 변비가 있거나 속이 더부룩할 때 만사가 귀찮고 짜증 나는 이유, 단순히 몸이 불편해서가 아닙니다. 뇌로 가는 행복 공급이 끊겼기 때문입니다.

당분, 염증, 그리고 뇌 기능 저하

현대인의 뇌를 가장 아프게 하는 범인은 '설탕'과 '정제 탄수화물'입니다. 강북삼성병원 가정의학과 박용우 박사는 저서 『내 몸 혁명』에서 "현대인이 겪는 만성 피로와 브레인 포그의 주범은 '인슐린 저항성'과 '만성 염증'"이라고 합니다(박용우, 루미너스, 2024).

우리가 떡볶이나 빵, 탄산음료를 먹으면 혈당이 롤러코스터처럼 급격히 치솟습니다(혈당 스파이크). 뇌는 순간적으로 달콤한 도파민 보상을 받아 기분이 좋아지지만, 곧이어 인슐린이 쏟아져 나오며 혈당이 곤두박질칩니다(슈거 크래시). 이때 뇌는 "큰일 났다! 에너지가 없다!"라고 느끼며 불안, 짜증, 집중력 저하를 일으킵니다.

이 과정이 반복되면 뇌는 '가짜 배고픔'을 만들어내어 끊임없이 단것을 찾게 만듭니다. 마치 단맛에 중독된 것처럼, 뇌의 보상 회로가 망가져 더 강한 자극, 더 달달한 음식을 원하게 되죠. 결국 배가 고파서 먹는 게 아닙니다. 뇌가 불안해서 먹는 악순환에 빠지게 됩니다.

더 무서운 건 '염증'이라는 녀석인데요. 과도한 당분은 장 점막을 느슨하게 만들어서(장 누수 증후군), 독소가 혈관을 타고 뇌까지 올라가게 합니다. 뇌에 생긴 염증은 신경전달물질 생성을 방해하고, 심지어 뇌세포를 파괴합니다. 특히 기억과 감정을 조절하는 해마는 염증에 아주 약하거든요.

우리가 인스턴트식품을 잔뜩 먹고 나서 머리가 멍해지고 기분이 축 처지는 건, 뇌가 염증과 싸우느라 에너지를 다 써 버렸기 때문입니다. 당신을 우울하게 만드는 확실한 주범은, 방금 먹은 달콤한 디저트입니다.

심리 영양학: 음식으로 마음을 고치다

그렇다면 뇌는 어떤 음식을 좋아할까요? 최근 의학계에서는 음식을 통해 마음의 병을 치료하는 '심리 영양학Nutritional Psychiatry'이 주목받고 있습니다.

핵심은 '지중해식 식단'과 '발효 식품'입니다. 오메가-3가 풍부한 등 푸른 생선과 견과류는 뇌세포막을 말랑말랑하게 만들어 신호 전달을 도와줍니다. 또한 김치, 된장, 청국장 같은 우리 고유의 발효 식품은 훌륭한 프로바이오틱스Probiotics(유익균) 공급원입니다. 이들은 장내 유익균의 맛있는 먹이가 되어 뇌의 염증을 줄이고 스트레스 호르몬을 낮춰줍니다.

나물과 발효 식품이 어우러진 한국인의 밥상은 뇌를 위한 최고의 보약인데요. "기분이 저기압일 땐 고기 앞으로 가라"라는 말도 있지만, 뇌를 생각하면 고등어와 시금치 앞으로 가야 합니다. 오늘 당신이 먹은 그 한 끼가 내일 당신의 생각과 감정을 만든다는 사실, 꼭 기억해 주세요.

"음식은 약이 되고, 약은 음식이 되어야 한다."

히포크라테스Hippocrates, 고대 그리스 의사이자 의학의 아버지

① '**진짜 음식**' **먹기** (Whole Food)

가공식품은 뇌를 속여요. 포장지에 알 수 없는 성분이 길게 적힌 가공식품 대신, 자연 상태 그대로의 재료를 드셔보세요. 공장에서 갈아 만든 주스 대신 사과를 껍질째 아삭아삭 씹어 먹고, 정제된 밀가루 빵 대신 현미밥을 드시는 거죠. 씹는 행위 자체가 뇌 혈류량을 늘리고, 거친 식이섬유가 장내 미생물을 행복하게 합니다.

② **무지개 식단 실천하기**

하루에 최소 3가지 색깔의 채소나 과일을 챙겨 드세요. 식물성 색소인 '폴리페놀^{Polyphenol}'은 강력한 항산화제로, 뇌세포가 녹스는 것(산화)을 막아줍니다. 빨간 토마토, 초록 브로콜리, 보라색 가지, 노란 파프리카… 등 접시의 색깔이 화려할수록 당신의 뇌도 더 밝고 환해질 거예요.

호르몬의 춤:
세로토닌·옥시토신·멜라토닌

"하루 동안 감정의 기복이 유난히 크게 느껴질 때가 있습니다. 아침엔 괜찮았는데 오후엔 이유 없이 우울하고, 밤에는 잠도 안 옵니다."

많은 분이 이런 감정 변화를 겪으면 습관적으로 자신의 성격을 탓하는데요. '나는 왜 이렇게 예민할까?' '내 의지는 왜 이렇게 약해 빠졌지?' 하면서요. 하지만 이건 성격보다는 생리적인 조절 문제로 볼 수 있습니다. 뇌에서는 하루에도 수십 가지의 호르몬이 정교한 균형 속에서 작동합니다. 지휘자가 박자를 놓치면 음악이 엉망이 되듯, 호르몬의 리듬이 엇박자를 내면 감정 조절 능력도 흔들립니다.

정신건강의학과 전문의 김병수 원장은 저서 『감정의 온도』에서 "감정은 내 것이지만 내 마음대로 되지 않는다. 감정은 뇌의 화학 작용, 즉 호르몬의 농도에 따라 변하는 날씨와 같다"라고 합니다(김병수, 레드박스, 2017). 호르몬 균형의 변화에는 그에 맞는 대응이 필요합니다.

이 장에서는 기분 조절에 핵심적인 세 가지 호르몬을 살펴볼게요. 이 호르몬들이 만들어내는 리듬만 잘 이해해도, 우리는 감정의 엇박자에 당황하지 않고 일상의 평온을 유지할 수 있습니다.

평온의 지휘자, 세로토닌

많은 분이 '행복 호르몬' 하면 쾌락의 대명사인 '도파민'을 떠올리시죠. 도파민은 "앗싸, 신난다!" 하는 짜릿한 흥분이라고 할 수 있습니다. 반면 '세로토닌'이 주는 행복은 결이 좀 다릅니다. "아, 날씨 참 좋다. 살만하네." 이런 느낌의 은은한 행복입니다.

세로토닌은 뇌 전반의 정서 조절에 중심적인 역할을 하는데요. 이 호르몬이 충분하면 우리는 사소한 스트레스를 가볍게 넘길 수 있고, 충동을 조절하며, 깊은 주의력을 유지할 수 있습니다. 반대로 세로토닌이 부족하면 사소한 자극에도 감정 반응이 과도해집니다.

9장에서 세로토닌의 재료는 장에서 만들어진다고 했는데요. 재료가 준비되었다면, 이제 공장 스위치를 켜야 합니다. 이 과정에서 중요한 환경 요인 중 하나가 햇빛입니다. 한국인은 전 세계에서 비타민 D 결핍이 심각한 나라 중 하나입니다. 실내 생활이 길고, 자외선 차단제를 꼼꼼히 바르기 때문입니다. 하지만 햇빛 노출은 우울 증상 완화와 밀접한 관련이 있습니다. 망막을 통해 들어온 빛 신호가 뇌간의 봉선핵을 자극해 세로토닌 공장을 가동시키기 때문이에요. 아침에 눈을 뜨자마자 커튼을 젖히고 햇빛을 쐬는 행위는, 뇌에 "자, 이제 행복해질 시간이야"라고 신호를 보내는 과학적인 의식입니다.

수면 리듬을 조절하는 멜라토닌

세로토닌이 낮의 지휘자라면, 밤의 지휘자는 '멜라토닌Melatonin'입니다. 이 두 호르몬은 생합성 경로상 밀접하게 연결되어 있습니다.

낮 동안 햇빛을 받아 생성된 세로토닌은, 밤이 되어 어둠이 찾아오면 화학 구조를 바꾸어 멜라토닌으로 전환합니다. 즉, 낮에 햇빛을 충분히 받아야 세로토닌이 충전됩니다. 그래야 밤에 쓸 멜라토닌도 충분해지거든요. 불면증 환자에게 의사들이 "낮에 나가서 걸으세요"라고 처방하는 이유가 여기에 있습니다. 잠은 밤에 자는 것이지만, 잠의 재료는 낮에 만들어지기 때문입니다.

멜라토닌은 단순히 잠을 오게 하는 수면 유도제가 아닙니다. 강력한 항산화 작용을 통해 낮 동안 손상된 뇌세포를 복구하고 면역력을 높여줍니다. 하지만 현대인의 밤은 너무 밝습니다. 스마트폰과 형광등의 불빛(블루라이트)은 뇌의 송과선을 교란해 "아직 낮인가 봐"라고 착각하게 합니다. 멜라토닌 생성이 억제되면 우리는 잠들지 못하고, 뇌의 회복 시스템은 멈춥니다.

스트레스 완화와 사회적 유대를 촉진하는 옥시토신

세로토닌과 멜라토닌이 하루의 리듬을 만든다면, 그 리듬 위에서 우리를 안전하게 감싸주는 호르몬이 '옥시토신Oxytocin'입니다. 흔히 '사랑의 호르몬'으로 알려졌지만, 더 정확한 별명은 '신뢰와 안전의 호르몬'입니다. 우리가 누군가를 신뢰하거나, 반려동물을 쓰다듬거나, 따뜻한 목욕을 할 때 뇌에서는 옥시토신을 분비합니다. 이 호르몬의 가장 큰 역할은 스트레스 호르몬인 '코르티솔의 천적'이라는 점입니다.

1장에서 배운 편도체가 "위험해!"라고 비명을 지를 때, 옥시토신이 분비되면 편도체의 활동이 즉시 진정됩니다. 이는 편도체의 과도한 활성화를 억제하는 방향으로 작용합니다. 우리가 힘들 때 누군가의 손을 잡거나 포옹을 하면 마음이 놓이는 이유가 옥시토신 때문입니다.

혼자 있을 때도 옥시토신을 늘릴 수 있습니다. 부드러운 담요를 덮거나, 따뜻한 차를 두 손으로 감싸 쥐는 것만으로도 뇌는 '따뜻함'을 '사회적 연결'과 비슷하게 인식하여 옥시토신을 분비합니다.

뇌의 리듬을 회복하라

결국 '건강한 마음'이란 다음과 같은 호르몬들이 하루의 리듬에 맞춰 조화롭게 분비되는 상태입니다. 아침에 햇빛을 받아 세로토닌이 충전되고, 낮 동안 사람들과 어울리며 옥시토신으로 안정을 찾고, 밤에는 멜라토닌

분비가 늘어나며 꿀잠을 자는 거죠. 하지만 현대인은 이 리듬을 거꾸로 살고 있습니다. 낮에는 실내에 갇혀 햇빛을 못 보고(세로토닌 부족), 경쟁하느라 타인을 경계하며(옥시토신 부족), 밤에는 스마트폰을 보느라 잠을 설치죠(멜라토닌 부족). 이런 생활 패턴에서 마음이 아프지 않은 게 더 이상할지도 모릅니다.

약물로 호르몬을 조절할 수도 있습니다. 하지만 가장 강력하고 부작용 없는 처방전은 '자연의 리듬'으로 돌아가는 겁니다. 해가 뜨면 빛을 보고, 해가 지면 어둠을 즐겨보세요. 그게 인간의 뇌가 가장 좋아하는 생활 방식이니까요.

"햇빛은 가장 훌륭한 의사이고, 어둠은 가장 훌륭한 간호사다."

스웨덴 속담

① 모닝 럭스^{Lux} 샤워

기상 직후 30분 이내에, 창문을 활짝 열거나 밖으로 나가 최소 10분 이상 햇빛을 눈과 피부로 직접 맞으세요. 실내 형광등(500 lux)으로는 부족합니다. 자연광(10,000 lux 이상)만이 잠든 세로토닌 공장을 깨울 수 있습니다. 흐린 날이라도 밖이 실내보다 훨씬 밝다는 사실, 잊지 마세요.

② 밤 10시 이후 '블루라이트 차단'

잠들기 2시간 전부터는 집안 조명을 다소 어두운 노란색 계열(간접 조명)로 바꾸세요. 스마트폰에는 '편안하게 화면 보기^{Night Shift}' 기능을 설정하거나 아예 보지 않는 것이 좋습니다. 멜라토닌은 수줍음이 많아서 어둠 속에서만 피어나는 꽃입니다. 빛을 차단하는 순간, 뇌는 휴식 모드로 전환합니다.

③ 셀프 옥시토신 마사지

불안할 때 자신의 팔뚝을 위아래로 천천히 쓸어내리거나, 양손을 비벼 따뜻하게 만든 뒤 눈 위에 올려보세요. 피부에 분포한 'C-촉각 신경섬유'가 자극되어 뇌에 옥시토신을 분비하고 즉각적인 안정감을 줍니다. "괜찮아, 고생했어"라고 자신에게 말해 주면 효과는 배가 됩니다.

11장 자연이 주는 처방전: 녹색 쉼표

주말 내내 소파에 누워 밀린 영상을 보며 푹 쉬었다고 생각했는데, 막상 월요일 아침이 되면 몸이 더 무겁고 피곤했던 경험, 다들 있으시죠? 많은 분이 몸을 움직이지 않는 상태를 휴식이라고 생각합니다. 소파와 한 몸이 되어 스마트폰이나 TV로 예능프로그램을 보며 즐거운 시간을 보냈으니까요. 하지만 뇌의 작동 원리를 기준으로 보면, 이건 진정한 휴식과는 거리가 멉니다. 오히려 뇌의 주의력을 소진하는 노동입니다.

화려한 영상, 끊임없이 울리는 알림, 쏟아지는 정보들은 뇌의 주의력을 쥐어짜 냅니다. 몸은 누워 있어도 뇌의 엔진은 과열 상태로 계속 돌아가고 있는 셈이니까요.

그렇다면 뇌가 실제로 회복되는 '진짜 휴식'은 어떤 상태일까요? 가장 완벽한 휴식처는 최고급 호텔 침대도, 비싼 안마 의자도 아닙니다. 정답은 '자연', 특히 '숲'입니다.

콘크리트 정글에 갇혀사는 우리 뇌가 왜 그토록 초록빛을 갈망하는

지, 그리고 자연이 어떻게 우리 뇌의 방전된 배터리를 충전시키는지 알아
보겠습니다.

주의 회복 상태의 뇌과학

우리가 업무나 공부에 집중할 때, 뇌는 '지향적 주의'라는 아주 비싼
에너지를 사용합니다. 이건 뇌 에너지를 엄청나게 많이 쓰는 고된 작업입
니다. 보고서 작성에 집중하려면, 옆 사람의 잡담 소리, 카톡 알림, '오늘
점심 뭐 먹지?' 같은 수만 가지 잡생각들을 억지로 '차단'해야 하니까요.

현대인의 뇌는 깨어 있는 내내 무언가를 '하지 않으려고' 애쓰느라 지
쳐 있습니다. 잡음을 듣지 않으려 하고, 딴생각하지 않으려 하죠. 이러한
억제 과정이 반복되면 인지 자원이 빠르게 고갈됩니다. 이 상태를 심리학
에서는 '주의력 피로'라고 정의합니다.

1980년대, 심리학자 레이철 캐플런Rachel Kaplan과 스티븐 캐플런Stephen
Kaplan 부부는 '주의 회복 이론ART: Attention Restoration Theory'을 통해 주목할 만
한 사실을 발견합니다. 지친 뇌를 회복시키는 유일한 방법은 '지향적 주의'
를 쓰지 않아도 되는 환경에 놓이는 것인데, 최적의 장소가 '자연'입니다.

숲길을 걸을 때의 경험을 생각해 보면 이해하기 쉽습니다. 나뭇잎이
흔들리는 소리, 졸졸 흐르는 물소리, 구름의 움직임… 이런 자극들은 우리
의 주의를 억지로 끌어당기지 않습니다. 우리는 애써 집중하려 노력할 필

요 없이, 그저 멍하니 바라보게 되잖아요. 캐플런은 이를 '부드러운 매혹'
이라고 부릅니다.

자연이 주는 이 부드러운 자극에 뇌를 맡기면, 고갈되었던 전전두엽의
억제 시스템이 비로소 휴식을 취하고 재충전합니다. 숲에서는 아무것도
억제할 필요가 없으니까요. 그저 들리는 대로 듣고, 보이는 대로 보는 '수
용의 상태'가 될 때, 뇌는 진정한 휴식 모드로 전환합니다. 숲에서 30분만
걷고 와도 머리가 맑아지고, 해결되지 않던 문제의 실마리가 보이는 건, 뇌
의 과열된 엔진이 식었기 때문입니다.

면역 반응을 촉진하는 자연 유래 물질

자연은 심리적인 휴식만 주는 게 아닙니다. 우리 몸의 면역 시스템을
물리적으로 강화해 줍니다. 여기서 등장하는 주인공이 '피톤치드 Phytoncide'
입니다. 피톤치드는 나무가 해충이나 곰팡이로부터 자신을 보호하기 위해
뿜어내는 천연 살균 물질이에요.

일본 닛폰의과대학의 칭 리 Qing Li 교수 연구팀이 사람들을 숲에서 2박
3일간 지내게 한 뒤 혈액을 검사했더니, 암세포나 바이러스를 파괴하는
'NK세포 Natural Killer Cell'의 활성도가 50% 이상 증가했습니다(칭리 & 심우경,
푸른사상, 2019). 더 놀라운 건 이 효과가 숲을 떠난 뒤에도 한 달 가까이
지속되었다는 점이죠. 숲 냄새, 흙 냄새는 단순히 기분 좋은 향기가 아닙
니다. 생리적 회복을 촉진하는 강력한 환경 요인입니다.

도심 속에서 자연을 처방받는 법: 프랙털의 마법

"저는 빌딩 숲에서 일하느라 숲에 갈 시간이 없는데요?"

맞습니다. 매일 등산을 갈 수는 없습니다. 그렇다고 해서 자연 효과를 포기할 필요는 없습니다. 뇌는 꽤 단순해서, 거창한 국립공원이 아니어도 반응합니다. 텍사스 A&M 대학교의 로저 S. 울리히**Roger S. Ulrich** 교수는 창밖으로 나무가 보이는 병실의 환자들이 벽돌담이 보이는 환자들보다 진통제를 덜 쓰고 퇴원도 빠르다는 사실을 밝혀냈습니다.

심지어 창문이 없다면, 자연 풍경이 담긴 '사진'이나 '영상'을 보는 것만으로도 뇌의 스트레스 수치는 떨어집니다. 비밀은 자연의 기하학적 패턴인 '프랙털**Fractal**'에 있습니다. 나뭇가지, 잎맥, 구름, 파도. 불규칙해 보이지만 일정한 규칙이 반복되는 패턴입니다. 이런 패턴을 볼 때 인간의 뇌파는 가장 편안한 '알파파' 상태가 됩니다. 이를 '처리 유창성**Processing Fluency**'으로 설명합니다. 인간의 시각 시스템은 수백만 년간 자연의 복잡하지만 규칙적인 패턴에 적응해 왔습니다. 그래서 프랙털 구조를 볼 때, 뇌는 최소한의 에너지로 정보를 처리합니다. 마치 모국어를 들을 때처럼 편안해지는 것이죠.

반면, 도시의 네모반듯한 빌딩과 직선 도로는 뇌가 해석하기 위해 부자연스러운 노력을 기울여야 하는 '외국어'와 같습니다. 우리가 도심 한복판에 있을 때 알게 모르게 피로감을 느끼는 것은, 뇌가 24시간 외국어 해석 시험을 치르고 있기 때문입니다. 인공적인 직선이나 날카로운 모서리는 뇌가 처리하기 힘든 고비용 정보지만, 자연의 프랙털 구조는 뇌가 가장 좋아하는 '시각적 자장가'입니다.

점심시간에 스마트폰을 들여다보는 대신 가로수길을 10분만 걷거나, 책상 위에 작은 화분 하나를 두는 것. 그것만으로도 당신의 뇌는 '녹색 쉼표'를 찍고 다시 달릴 힘을 얻습니다. 자연과의 반복적인 접촉은 일상적인 뇌 회복에 필수적인 요소입니다.

"자연은 방문하는 곳이 아니다. 그곳이 우리 집이다."

게리 스나이더Gary Snyder, 시인

◆ 실천 팁: 뇌를 위한 녹색 처방전 2가지

① 20-5-3 법칙

자연 노출 시간을 피라미드처럼 쌓아가세요.

20분: 하루 20분, 동네 공원이나 회사 근처 가로수길 산책하기(단, 스마트폰 없이!). 점심시간을 활용하면 가장 좋습니다.

5시간: 한 달에 5시간, 주말을 이용해 숲이나 산으로 '반나절' 떠나기. 뇌의 찌든 때를 씻어내는 시간입니다.

3일: 1년에 3일, 문명과 단절된 깊은 자연 속에서 캠핑이나 휴식하기. 뇌를 완전히 쉬게 하는 시간입니다.

② 책상 위 작은 숲 만들기 (반려 식물)

시야에 녹색 식물이 들어오는 것만으로도 작업 기억력이 20% 향상되고 피로도가 감소합니다. 잎이 넓고 관리가 쉬운 식물(스킨답서스, 몬스테라)을 모니터 옆에 두세요. 눈이 피로할 때마다 멍하니 잎사귀의 패턴을 바라보는 1분이, 뇌에는 꿀 같은 휴식입니다.

음악, 뇌를 안아주다: 리듬과 치유

"음악이 없었다면 삶은 하나의 오류였을 것이다."

프리드리히 니체Friedrich Wilhelm Nietzsche의 이 말은 단순한 비유가 아닙니다. 음악은 인간의 생존과 회복에 없어서는 안 될 도구라 할 수 있습니다.

퇴근길 만원 지하철, 몸은 물에 젖은 솜처럼 무겁고 주변의 소음은 짜증스럽기만 합니다. 그때 주머니에서 이어폰을 꺼내 좋아하는 음악을 재생해 보세요. 순간, 주변의 소음이 차단되고 멜로디가 흘러나오는 그 짧은 찰나에 공기의 흐름이 바뀝니다. 꽉 막힌 지하철은 나만의 뮤직비디오 현장이 되고, 축 처졌던 어깨에는 다시 힘이 들어갑니다.

도대체 귀로 들어온 단순한 공기의 진동(소리)이 어떻게 뇌 전체의 분위기를 순식간에 바꿔버리는 걸까요? 뇌가 연주하는 가장 아름다운 치유의 마법, 음악에 관해 이야기하겠습니다.

뇌를 춤추게 만드는 '예측의 즐거움'

음악이 주는 도파민은 밥을 먹을 때 나오는 것과는 차원이 달라요. 이 것은 '지적인 유희'입니다. 우리 뇌는 음악을 들을 때 다음 멜로디가 어떻 게 전개될지 끊임없이 예측하는 '예언가'가 됩니다.

"따~다~단~" 하고 음악이 고조될 때, 뇌는 긴장하며 도파민을 예열합 니다(기대). 그러다 뇌가 예상한 타이밍에, 혹은 예상을 빗나가며 더 멋지 게 "딴!" 하고 화음이 전개될 때(해소), 뇌는 '예측 적중'의 쾌감을 느끼며 도파민을 폭죽처럼 터뜨립니다. 이를 '프리송Frisson, 전율'이라고 부르죠. 음 악은 소리가 매개가 되는 뇌와의 숨바꼭질이며, 도파민은 그 놀이의 보상 인 셈입니다.

카이스트 정재승 교수는 한 칼럼에서 "음악은 뇌의 보상 중추인 측 좌핵에서 도파민 분비가 현저하게 증가한다. 이는 맛있는 음식을 먹거나 성적인 쾌감을 느낄 때와 동일한 메커니즘"이라고 설명했습니다(정재승, 2020). 한국인이 유독 '흥'이 많은 이유도, 음악적 리듬에 뇌가 민감하게 반응하여 도파민 보상을 잘 받기 때문일 수 있습니다.

여기서 인상적인 점이 있습니다. 음악이 주는 도파민은 단순한 자극에 서 나오지 않는다는 점이죠. 핵심은 '기대와 예측'입니다. 우리는 음악을 들 을 때 가만히 듣고만 있지 않습니다. 다음에 어떤 음이 나올지, 무의식적으 로 미리 짐작합니다. 곡이 점점 고조되면 뇌도 함께 긴장하죠. 그리고 예상 한 흐름이 맞아떨어지거나, 생각보다 더 멋지게 풀리는 순간이 옵니다.

그때 보상 반응이 일어납니다. 도파민이 분비되고, 우리는 그것을 전율이나 감동으로 느낍니다. 우리가 슬픈 발라드를 들으며 카타르시스를 느끼거나, K-pop의 화려한 드롭Drop 파트에서 열광하는 이유가 이 '긴장과 해결'의 드라마 때문입니다. 음악 감상은 복잡한 인지 예측과 보상 처리가 동시에 일어나는 활동이라 할 수 있습니다.

슬픈 날에는 슬픈 노래를: 동기화의 힘

우울할 때 신나는 댄스 음악을 들으면 기분이 나아질까요? 실제로 많은 사람은 이 경우 불편함을 느낍니다. 오히려 시끄럽게 느껴져서 더 우울해집니다. 슬픈 뇌를 위로하는 최고의 친구는 '슬픈 음악'입니다.

이것을 음악 치료에서는 '동질성의 원리ISO Principle'라고 합니다. 뇌는 자신의 현재 상태(템포, 에너지)와 비슷한 외부 자극을 만날 때 깊은 안정감과 공명을 느낍니다. 이 과정에서 뇌파가 음악의 리듬에 맞춰지는 '동조화Entrainment' 현상이 일어납니다.

실연당했을 때 이별 노래를 들으면 주책맞게 눈물이 나지만, 신기하게도 실컷 울고 나면 속이 후련해지잖아요? 감정 상태와 음악의 정서가 일치하면서 정서적 안정 반응을 유도하기 때문입니다.

음악 자극은 변연계에 직접적인 영향을 미칩니다. 언어(전전두엽)로 "힘내, 괜찮아"라고 위로하는 건 논리적 분석 과정을 거쳐야 하지만, 음악은 복잡한 해석 없이 뇌의 깊은 곳으로 들어가 상처받은 편도체를 어루만져

주니까요.

또한 한국인들이 콘서트 현장에서 다 같이 '떼창'할 때 느끼는 쾌감은 '옥시토신'의 분비와 관련이 깊습니다. 함께 리듬을 맞추고 목소리를 섞을 때, 뇌는 '우리는 하나다'라는 강렬한 소속감을 느끼며 사회적 유대 호르몬을 분비합니다. 음악은 개인의 감정을 치유할 뿐만 아니라, 뇌와 뇌를 잇는 다리 역할도 하죠.

리듬, 멈춘 뇌를 다시 걷게 하다

음악의 힘은 감정에만 머물지 않습니다. 우리의 '움직임'을 통제하는 운동 중추를 직접 자극하거든요. 파킨슨병 환자처럼 몸이 굳어 걷기 힘든 사람들에게 규칙적인 리듬을 들려주면, 임상적으로 의미 있는 보행 개선이 관찰됩니다.

우리 뇌의 청각 피질은 운동 피질과 신경회로로 연결되어 있습니다. 이렇게 소리 자극과 신체 움직임이 뇌 안에서 즉각적으로 짝을 이루는 현상을 '청각-운동 동조화'라고 합니다. 신나는 노래를 들으면 나도 모르게 발로 박자를 맞추는 것이 이런 이유 때문이에요.

이 원리는 건강한 사람에게도 똑같이 적용됩니다. 운동할 때 120~140 BPM의 빠른 음악을 들으면, 뇌는 그 리듬에 운동 신경을 동기화시킵니다. 피로감을 덜 느끼게 하고, 더 오래, 더 즐겁게 달릴 수 있게 만들어줍니다.

또한 음악은 스트레스를 낮추는 데 탁월합니다. 연구에 따르면 수술 전에 자신이 좋아하는 음악을 들은 환자는 진정제를 투여받은 환자보다 불안 수치와 코르티솔 수치가 더 낮았습니다. 음악은 약물 개입 없이 불안 반응도 실제로 낮아졌습니다.

나만의 플레이리스트는 뇌의 처방전이다

어떤 날은 가사가 없는 피아노 연주곡이 필요하고, 어떤 날은 심장을 때리는 록 음악이 당깁니다. 그때그때 당기는 음악이 있다면, 현재의 정서·각성 수준을 반영하는 선택일 가능성이 큽니다.

현대인은 수많은 소음 속에 살고 있습니다. 자동차 경적, 상사의 고함, 층간 소음…. 이 무질서한 소음들은 뇌를 자극하고 스트레스 호르몬을 치솟게 합니다. 이럴 때 질서 정연하고 아름다운 패턴을 가진 '음악'을 듣는 것은, 혼란스러운 뇌에 질서를 찾아주는 행위입니다.

오늘 밤, 지친 뇌를 위해 당신만의 플레이리스트를 처방해 주세요. 바흐가 되었든, BTS가 되었든 상관없습니다. 당신의 귀를 통해 흘러들어간 그 선율이, 상처 난 마음을 꿰매고 굳어진 의지를 다시 샘솟게 할 테니까요.

"음악은 영혼의 씻김굿이다. 그것은 일상의 먼지를 영혼으로부터 씻어낸다."

베르톨트 아우어바흐 **Berthold Auerbach**, 독일 작가

◆ 실천 팁: 음악으로 뇌를 조율하는 3가지 방법

① 'ISO 원리'로 기분 전환하기

우울함에서 벗어나고 싶다면 선곡 순서를 전략적으로 짜보세요.

– 현재 기분과 똑같은 슬프고 느린 곡(공감과 해소)

– 조금 더 빠르고 밝은 미디엄 템포 곡(기분 전환의 다리)

– 완전히 신나고 힘찬 곡(에너지 충전)

처음부터 신나는 곡을 듣는 것보다 훨씬 부드럽고 강력하게 뇌의 분위기를 바꿀 수 있습니다.

② 뇌를 깨우는 '120 BPM' 산책

무기력해서 꼼짝도 하기 싫은 날이 있죠? 생각하지 말고 그냥 120 BPM 정도의 빠른 음악(댄스곡이나 일렉트로닉 음악)을 트세요. 청각 피질이 리듬을 감지하면 운동 피질이 반사적으로 반응합니다. 음악이 당신의 등을 떠밀어 현관문 밖으로 내보내 줄 것입니다.

③ 가사 없는 음악으로 '집중의 방' 만들기

업무나 공부할 때는 가사가 없는 연주곡(Lo-Fi, 클래식, 재즈)을 추천합니다. 가사가 있는 노래는 뇌의 언어 중추를 자극하여 '멀티태스킹' 상황을 만듭니다. 뇌의 자원을 온전히 업무에 쏟고 싶다면, 백색 소음이나 차분한 연주곡으로 뇌파를 알파파 상태로 유도하세요.

13장

웃음의 힘:
뇌가 만드는 천연 진통제

"중요한 임원 회의 시간, 숨소리조차 내기 힘든 엄숙한 분위기 속에서 갑자기 누군가의 배에서 '꼬르륵' 하는 뱃고동 소리가 울려 퍼집니다."

상상만 해도 등줄기에 땀이 흐르죠? 모두가 당황해서 눈치만 보는 그 순간, 누군가 참지 못하고 '푸흡' 하고 웃음을 터뜨리자 삽시간에 회의실 전체가 웃음바다가 됩니다. 분명 웃을 상황이 아니고 오히려 민망한 상황인데, 우리는 이토록 긴장된 순간에 왜 웃음을 터뜨리는 걸까요?

이럴 때 '아, 나 왜 이렇게 주책이지?' 하며 자신을 탓하는 분들도 계실 겁니다. 이건 뇌의 자동 반응입니다. 극도의 스트레스 상황에서 웃음이 튀어나오는 건, 감정의 과부하를 낮추려는 뇌의 똑똑한 조절 반응입니다.

웃음은 단순히 즐거워서 나오는 결과라기보다, 긴장과 고통을 버티기 위한 생존 본능과 연결됩니다. 고통을 견디기 위해 뇌가 처방하는 탁월한 진통제인 것입니다. 이번 장에서는 웃음이 통증과 스트레스에 작용하는 뇌의 비밀스러운 메커니즘을 알아보겠습니다.

10분의 웃음, 2시간의 진통 효과

웃음의 치유력을 몸소 증명한 전설적인 인물이 있습니다. 미국의 저널리스트 노먼 커즌스Norman Cousins입니다. 그는 1964년, 뼈와 근육이 굳어가는 희귀병인 강직성 척추염 진단을 받았는데요. 의사들은 그가 몇 달 안에 죽을 거라며 시한부 선고를 내렸습니다.

극심한 통증으로 잠도 못 자던 그는 한 가지 엉뚱한 실험을 시작했습니다. 병실에 코미디 영화를 틀어놓고 배가 아플 정도로 낄낄거리며 웃기 시작한 거예요. 그런데 놀랍게도 변화가 생겼습니다.

"10분 동안 배꼽 잡고 웃었더니, 마약성 진통제 없이도 2시간 동안 통증 없이 푹 잘 수 있었습니다."

그는 이 웃음 요법을 통해 기적적으로 병을 완치했고, 이후 UCLA 의대 교수로 초빙되어 웃음의 의학적 효과를 연구했습니다. 이 과정의 핵심에는 '엔도르핀'이 있습니다. 우리가 박장대소를 할 때 뇌에서는 엔도르핀과 엔케팔린Enkephalin 같은 신경전달물질이 펑펑 쏟아져 나옵니다. 이것들은 뇌의 아편 수용체와 결합해서 통증 신호를 차단해 버리죠. 웃음은 약국에 가지 않아도 얻을 수 있는, 뇌가 스스로 만들어내는 강력한 천연 진통제입니다.

억지웃음도 뇌를 속인다: 안면 피드백

"웃을 일이 있어야 웃지, 맨날 힘든데 어떻게 웃어?" 맞는 말입니다. 하지만 흥미로운 사실이 있어요. 뇌는 '진짜 웃음'과 '가짜 웃음'을 구별하지 못합니다.

독일의 심리학자 프리츠 슈트라크**Fritz Strack**는 재미있는 실험을 했습니다. 참가자들을 두 그룹으로 나누어 만화를 보여주었는데, A그룹은 볼펜을 입술로만 물게 해서(찡그린 표정) 보게 했고, B그룹은 볼펜을 어금니로 물게 해서(입꼬리가 올라간 웃는 표정) 보게 했습니다. 실험 결과는 정말 놀라웠어요. 똑같은 만화였지만, 억지로라도 입꼬리를 올린 B그룹이 확연히 재미있게 느꼈고 기분도 좋아졌습니다(Strack et al., 1988).

이것이 '안면 피드백 가설**Facial Feedback Hypothesis**'입니다. 보통 우리는 '기분이 좋아서(뇌) → 웃는다(얼굴)'라고 생각하지만, 그 반대도 성립합니다. 표정 변화가 정서 회로를 자극해 긍정적 반응을 유도하죠. 심리학의 아버지라 불리는 윌리엄 제임스는 이런 말을 남겼습니다.

"행복해서 웃는 것이 아니라, 웃으니까 행복해지는 것이다."

거울을 보고 입꼬리를 1cm만 올려보세요. 작은 표정 변화만으로도 감정 관련 신경 회로의 활성도가 달라집니다.

한국인의 '화병'을 녹이는 웃음 치료

우리나라 사람들에게 흔한 '화병', 다들 아시죠? 억울함과 분노를 오랫동안 꾹꾹 눌러 담다가 생긴 마음의 병인데요. 이 화병을 치료하는 데에도 웃음은 탁월한 효과를 보입니다. 국내 연구진이 웃음 치료 프로그램에 참여한 노인들과 암 환자들의 혈액을 검사해 봤더니, 스트레스 호르몬인 코르티솔 수치가 뚝 떨어졌습니다(Cha & Hong, 2015). 동시에 면역 지표인 IgA 수치는 쑥 올라갔고요.

웃음은 횡격막을 위아래로 움직이게 하는 강력한 유산소 운동입니다. 한바탕 크게 웃고 나면 굳어 있던 내장이 마사지 되고, 혈액 순환이 빨라지며, 체온이 올라갑니다. 우리 몸의 면역세포들은 체온이 1도만 올라가도 활성도가 5배나 높아집니다. "웃으면 복이 온다"라는 속담은 경험적 표현이지만, 면역 반응 측면에서도 일정 부분 근거를 갖습니다. 의학적으로는 "웃으면 면역력이 온다"가 맞습니다.

유머: 고통을 재해석하는 지능

유머를 이해하고 웃는 과정에는 뇌의 CEO인 전전두엽이 관여합니다.

누군가의 농담을 이해하고 웃으려면 상황을 비틀어 보는 '유연한 사고'가 필요합니다. 심리학에서는 이를 '인지적 재해석Cognitive Reappraisal'이라고 합니다. 힘든 상황을 비극으로 받아들이는 대신, 유머라는 필터를 통해 희극으로 바꾸어 버리는 능력이죠.

유대인 수용소에서 살아남은 빅터 프랭클Viktor Frankl은 그 지옥 같은 곳에서도 동료들과 "우리가 나가면 이 고생담을 어떻게 재미있게 이야기할까?"라며 농담을 주고받았습니다.

유머 감각은 단순히 남을 웃기는 기술이 아닙니다. 고통에 압도되지 않고 상황을 한 발짝 떨어져서 바라볼 수 있게 하는, 마음의 거리 두기 기술입니다.

오늘 하루, 실수투성이였나요? 상사에게 깨지고, 커피를 쏟고, 되는 일이 하나도 없었나요? 짧은 웃음만으로도 뇌의 반응은 달라질 수 있습니다. 자신에게 이렇게 툭 농담을 던져보세요.

"오늘 내 인생, 시트콤 한 편 제대로 찍었네!"

그 순간, 당신의 뇌는 고통을 딛고 다시 일어설 힘을 얻습니다.

"인류에게 정말로 효과적인 무기가 하나 있다. 바로 웃음이다."

마크 트웨인Mark Twain, 작가이자 저널리스트

◆ 실천 팁: 뇌를 웃게 만드는 4가지 습관

① 볼펜 물기 훈련 (안면 피드백)

우울해서 도저히 웃음이 안 나올 때, 볼펜 하나를 가로로 눕혀 어금니에 무세요. 입꼬리가 강제로 올라가고 광대뼈 근육을 자극합니다. 뇌는 이 근육의 움직임을 감지하고 "어, 웃고 있네? 엔도르핀 풀어!"라고 반응합니다. 2분만 물고 있어도 기분이 한결 가벼워집니다.

② 박장대소 10초 (가짜 웃음 운동)

아침에 일어나자마자, 혹은 화장실 거울을 볼 때 이유 없이 소리 내어 웃으세요. "하하하하!" 처음엔 어색하지만, 뇌는 가짜 웃음에도 반응하여 면역 세포를 깨웁니다. 15초 동안 크게 웃는 것은 5분 동안 에어로빅을 한 것과 같은 산소 공급 효과가 있습니다.

③ 나만의 '웃음 응급 키트' 만들기

스마트폰 앨범에 '웃음 폴더'를 만드세요. 우울할 때 보면 100% 터지는 웃긴 짤, 조카의 엽기적인 동영상, 좋아하는 개그 프로 클립 등을 모아두세요. 스트레스를 받을 때마다 즉시 처방할 수 있는 당신만의 비상약입니다.

④ 유머 일기 쓰기 (관점 바꾸기)

저녁에 일기를 쓸 때, 오늘 있었던 가장 짜증 나는 일을 적고, 그것을 '코미디 작가'의 시선으로 바꿔 써 보세요.

(짜증) "부장님이 또 말도 안 되는 거로 트집을 잡았다."

(유머) "우리 부장님은 '트집 잡기' 국가대표 금메달리스트다. 은퇴하시면 감별사로 대성하실 듯."

상황을 비웃어 주는 순간, 스트레스는 힘을 잃습니다.

2부가 신체 자극을 통해 뇌를 변화시키는 접근이었다면, 3부는 생각과 정서를
다루는 훈련에 초점을 둡니다.
마음도 반복적인 훈련을 통해 반응 방식이 달라집니다. 그 첫 번째 도구는
'마음 챙김'입니다.

PART 3

단단한 마음을 만드는 뇌 훈련
(회복하기2: 인지 & 정서)

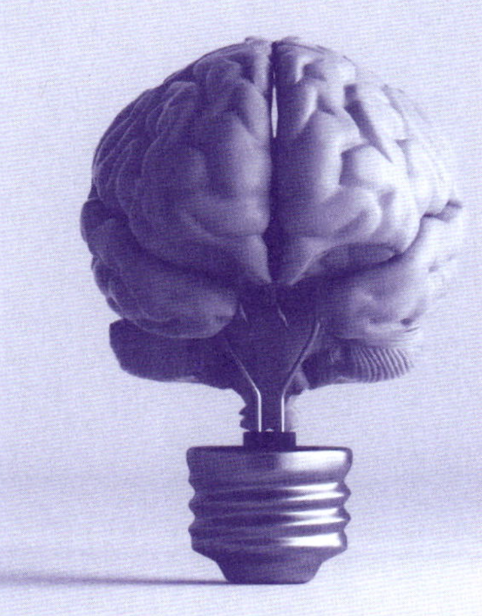

14장

마음 챙김 명상: 뇌의 근력 키우기

"샤워할 때, 우리는 얼마나 현재에 머물러 있을까요?"

따뜻한 물줄기가 어깨에 닿는 감촉, 비누의 향기, 물 떨어지는 소리…. 온전히 이 감각들을 느끼고 있나요? 아니면 '아, 김 대리가 보낸 메일에 답장했나?' '저번 회식 때 내가 왜 그런 말을 했을까?' 하며, 몸은 욕실에 있지만 머리는 회사나 과거의 어느 시점을 헤매고 있지는 않나요?

많은 사람의 주의는 현재보다는 과거나 미래로 쉽게 이동합니다. 우리의 뇌는 끊임없이 과거의 후회로 시간 여행을 떠나거나, 미래의 불안이라는 시나리오를 씁니다. 몸은 현재에 있지만, 마음은 늘 콩밭에 가 있는 상태, 이런 주의의 분산이 정신적 피로를 키웁니다.

종교나 신비주의로 오해받던 명상, 사실 뇌의 관점에서 보면 전혀 다른 얼굴을 하고 있습니다. 신비적 수행이 아니라 뇌의 주의 조절 기능을 단련하는 훈련이에요.

뇌의 에너지 도둑, 디폴트 모드 네트워크(DMN)

아무것도 안 하고 가만히 있으면 뇌가 쉴 것 같지만, 실제로는 정반대입니다. 뇌 영상 촬영을 해보면, 우리가 멍하니 있을 때 오히려 뇌의 특정 부위와 특정 영역의 활동이 눈에 띄게 증가합니다.

이 회로를 '디폴트 모드 네트워크Default Mode Network, DMN'라고 합니다. 컴퓨터를 켜면 초기 화면이 뜨듯, 뇌가 특별한 작업을 하지 않을 때 기본값Default으로 켜지는 회로라는 뜻이에요.

문제는 이 DMN이 켜질 때 뇌는 무슨 일을 하느냐입니다. 주로 '나'에 대한 생각, 과거의 실수, 미래의 걱정 같은 '잡념Mind-wandering'을 만들어냅니다. 하버드대학의 킬링스워스Matthew Killingsworth와 길버트Daniel Gilbert 교수가 흥미로운 연구를 했습니다. 깨어 있는 시간의 47% 동안 우리 마음이 딴청을 피우고 있으며, 그럴수록 더 불행하다는 사실을 밝혀냈죠(Killingsworth & Gilbert, 2010).

DMN은 상당한 양의 뇌 에너지를 지속적으로 소모합니다. 특별히 일이 많은 것도 아니었는데 퇴근길에 녹초가 되는 이유는, 업무로 인한 피로가 아니라 반복적인 걱정과 반추가 지속되었기 때문일 수 있습니다. 마음챙김 명상은 과열된 DMN의 스위치를 끄는 기술입니다.

명상은 '생각을 없애는 것'이 아니다

많은 분이 "저는 잡생각이 많아서 명상을 못 해요"라고 말합니다. 하지만 이것은 헬스장에 가서 "저는 힘이 없어서 아령을 못 들어요"라고 말하는 것과 같습니다. 힘이 없으니까 운동을 해야 하듯, 잡념이 많으니까 명상을 해야 합니다.

명상은 생각을 텅 비우는 게 아닙니다. 오히려 '알아차리는 것'입니다.

1. 호흡에 집중한다. - 주의 집중
2. 잡념이 든다("아, 배고프다"). - 잡념 발생(DMN 활성화)
3. 자신이 잡념에 빠졌다는 사실을 알아차린다. - 메타 인지
4. 다시 호흡으로 주의를 돌린다. - 주의 조절(전전두엽 활성화)

이 과정의 반복입니다. 잡념이 들었다가 돌아오는 그 순간이 뇌의 근육이 생기는 순간입니다. 헬스장에서 아령을 들었다 놓을 때 이두박근이 찢어지며 커지듯, 주의가 흩어졌다가 다시 돌아올 때 뇌의 사령관인 '전전두엽'의 회로를 강화합니다. 그러니 명상 중에 딴생각이 났다고 자책하지 마세요. "오, 방금 뇌 근력 운동 1회 성공했네!"라고 기뻐하면 됩니다.

하버드대와 한국의 석학들이 증명한 뇌의 변화

명상을 꾸준히 하면 뇌는 어떻게 변할까요? 하버드 의대의 사라 레이저Sara Lazar 교수는 8주간의 마음 챙김 프로그램MBSR에 참여한 사람들의 뇌를 MRI로 촬영했습니다. 그 결과, 뇌 구조가 실제로 바뀌었습니다. 감정 조절과 학습을 담당하는 '대뇌피질의 두께'는 물리적으로 두꺼워졌습니다. 반면, 앞서 여러 번 다룬 공포 중추 '편도체'의 크기가 통계적으로 유의미하게 줄었죠(Lazar et al., 2005).

즉, 이성의 힘(전전두엽)은 세지고, 공포의 힘(편도체)은 약해졌습니다. 이것은 스트레스 상황이 와도 예전처럼 멘털이 와르르 무너지지 않고, "어? 좀 짜증 나네?" 하고 감정 반응을 조절할 수 있는 심리적 여유가 생겼다는 의미에요.

한국 명상 학계의 거목인 장현갑 교수는 "명상은 뇌의 가소성을 이용해 불행한 뇌를 행복한 뇌로 바꾸는 가장 과학적인 훈련"이라고 강조합니다. 한국인을 대상으로 한 연구에서도 명상은 화병 증상을 완화하고, 스트레스 저항력을 높이는 것으로 확인됐고요.

명상은 서양의 과학과 동양의 지혜가 만난, 현대인의 스트레스 관리 전략 중 하나로 자리 잡았습니다.

뇌를 위한 '잠시 멈춤' 버튼

우리는 너무 바쁘게 살고 있습니다. 밥을 먹으면서 뉴스를 보고, 걸으면서 카톡을 합니다. 뇌는 한 번에 한 가지에만 집중할 때 가장 효율적으로 작동합니다. 멀티태스킹은 DMN을 폭주시키는 지름길입니다.

하루에 딱 10분만 뇌에 '현재'를 선물해 주세요. 거창하게 바닥에 앉아 양반 자세를 하지 않아도 됩니다. 엘리베이터를 기다리는 30초 동안 스마트폰을 보는 대신 내 발바닥이 바닥에 닿는 느낌에 집중해 보세요. 커피를 마실 때 향기와 목 넘김에만 온전히 집중해 보는 거죠.

과거를 후회하고 미래를 걱정하느라 에너지를 낭비하던 뇌가, 비로소 긴장이 풀리고 주의가 안정되는 변화를 경험하게 될 거예요. 마음의 근육은 그때 자라납니다.

"과거에 머물지 마라. 미래를 꿈꾸지 마라. 마음을 현재의 순간에 집중하라."

부처

♦ 실천 팁: 일상 속에서 뇌 근력 키우기

① 3분 호흡 명상 (뇌의 재부팅)

업무 중 머리가 복잡할 때 의자에서 잠시 눈을 감으세요.

– 1분: 현재 내 몸의 감각과 기분을 있는 그대로 알아차립니다.

– 1분: 주의를 코끝의 호흡으로 좁힙니다. 숨이 들어오고 나가는 것만 느낍니다.

– 1분: 주의를 전신으로 확장하여 몸 전체가 숨을 쉰다고 상상합니다.

단 3분이면 과열된 DMN이 꺼지고 전전두엽이 다시 켜집니다.

② 먹기 명상 (건포도 명상 응용)

점심시간 첫 한 숟가락, 혹은 간식(초콜릿, 귤)을 먹을 때 시도해 보세요.

마치 태어나서 그 음식을 처음 보는 외계인처럼 관찰합니다. 색깔을 보고, 냄새를 맡고, 입에 넣어 혀의 감촉을 느낍니다. 씹을 때 나는 소리와 맛의 변화를 천천히 따라갑니다. 폭식을 막아주고 뇌의 도파민 만족도를 극대화합니다.

③ 걷기 명상 (발바닥 느끼기)

출퇴근길이나 산책할 때 스마트폰을 주머니에 넣으세요.

발바닥이 지면에 닿을 때의 압력, 종아리 근육의 움직임, 얼굴에 스치는 바람에만 집중하며 걷습니다. 잡념이 들면 "또 생각하고 있네" 하고 다시 발바닥으로 돌아옵니다. 이것은 단순한 걷기 운동이 아니라, 움직이는 뇌 훈련입니다.

④ STOP 기법

스트레스를 받는 순간, 마음속으로 'STOP'을 외치세요.

– S(Stop): 하던 일을 멈춥니다.

– T(Take a breath): 심호흡을 한 번 합니다.

- O(Observe): 내 감정과 몸의 반응을 관찰합니다('내가 지금 화가 났구나. 가슴이 답답하구나.').
- P(Proceed): 알아차린 상태에서 다시 행동을 이어갑니다.

이 짧은 틈이 자극과 반응 사이의 공간을 만들어줍니다.

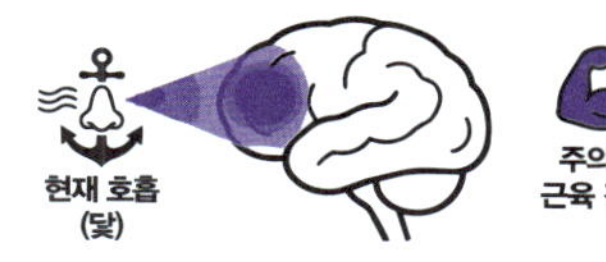

명상의 핵심 과정과 뇌의 변화

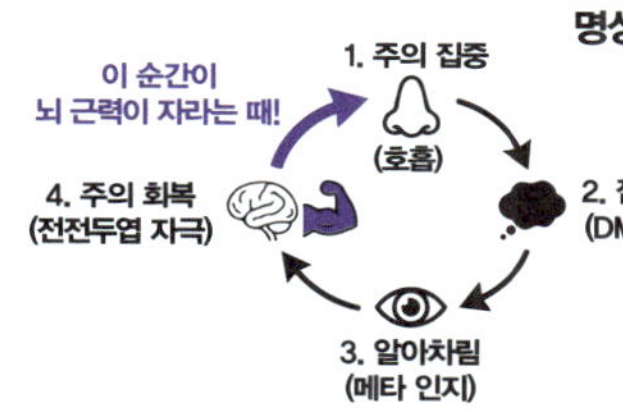

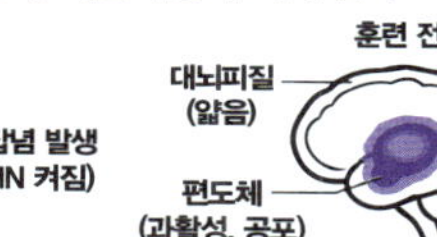

감사 일기의 뇌과학:
긍정 탐지기 만들기

"오늘 하루 어떠셨나요?"

이 질문을 받으면 잠시 머뭇거리다 대답하죠. "그냥 그랬어요." 혹은 "별일 없었어요." 그런데 찬찬히 돌아보면 오늘 하루에도 여러 장면이 스쳐 지나갔을 거예요. 아침 커피 향이 그윽했고, 버스가 기가 막히게 제시간에 도착했으며, 점심은 꽤 맛있었고, 동료와 실없는 농담을 주고받으며 웃기도 했겠죠.

하지만 이런 순간들은 특별한 표식 없이 그냥 흘러가 버리는 경우가 많습니다. 대신 상사가 툭 던진 불평 한마디, 지하철에서 밟힌 발, 미처 끝내지 못한 업무 같은 '불쾌한 기억'들은 훨씬 선명하고 끈질기게 남습니다.

잠자리에 들면 유독 불편했던 장면만 또렷하게 떠오릅니다. 이는 개인의 성향보다는 뇌의 작동 방식과 관련이 있습니다. 이것은 당신의 성격이 부정적이어서가 아닙니다. 진화 과정에서 형성된 뇌의 특성 때문입니다.

뇌는 생존을 위해 불행을 선택했다

진화적 관점에서 보면 이해가 쉬워집니다. 아름다운 노을을 감상하느라 넋을 잃은 원시인과, 풀숲에서 부스럭거리는 소리에 "호랑이다!" 하고 기겁하며 도망친 원시인 중 누가 살아남았을까요? 당연히 후자입니다.

우리의 조상들은 긍정적인 정보(노을, 맛있는 열매)를 놓치는 건 아쉽지만 생명에 지장은 없는 반면, 부정적인 정보(맹수, 독초)를 놓치는 건 곧 죽음이라는 것을 뼈저리게 배웠습니다. 그 후손인 우리의 뇌는 본능적으로 '좋은 것'은 물처럼 흘려보내고, '나쁜 것'은 벨크로(일명 찍찍이)처럼 딱 달라붙게 설계되었습니다.

신경심리학자 릭 핸슨^{Rick Hanson}은 이를 두고 "뇌는 긍정적인 경험에는 테플론(코팅 프라이팬) 같고, 부정적인 경험에는 벨크로 같다"라고 표현합니다(Hanson, 2013). 우리는 가만히 있으면 저절로 우울해지고 불안해지는 '기울어진 운동장' 위에 사는 셈입니다. 이 기울기를 바로잡기 위해서는 의도적인 훈련이 필요하죠. 그것이 바로 감사 일기예요.

뇌의 검색 엔진, 망상활성계(RAS)

많은 분이 감사 일기를 그저 '착한 척하는 도덕적인 습관' 정도로 생각합니다. 하지만 감사는 뇌의 정보 처리 시스템인 망상활성계^{Reticular Activating}

System, RAS의 작동 방향을 바꾸는, 아주 정교한 주의 훈련입니다.

RAS는 뇌간에 위치한 그물 모양의 신경망으로, 외부에서 들어오는 수억 개의 정보 중 무엇을 뇌 안으로 들여보낼지 결정하는 문지기 역할을 합니다. 뇌는 모든 정보를 다 처리할 수 없기에, RAS는 우리가 '중요하다고 믿는 것'만 통과시키고 나머지는 걸러냅니다.

'칵테일 파티 효과'를 아시나요? 시끄러운 파티장에서도 내 이름은 기가 막히게 들리는 현상입니다. 또, 빨간색 자동차를 사려고 마음먹은 순간부터 거리에 온통 빨간 차만 보이는 경험도 해보셨을 거예요. RAS가 '내 이름'과 '빨간 차'를 검색어로 등록했기 때문입니다.

우울한 사람의 RAS에는 '짜증' '실패' '상처'가 우선 검색어로 자리 잡혀 있어요. 그래서 세상의 수많은 일 중 기분 나쁜 일만 쏙쏙 골라내어 뇌로 배달합니다. 반면, 감사 일기를 쓰는 행위는 이 RAS의 검색어를 '감사' '기쁨' '다행'으로 바꾸는 과정입니다.

"오늘 감사한 일이 뭐지?"라고 뇌에 질문을 던지는 순간, RAS는 빨간 차를 찾듯 하루의 기억을 뒤져 '감사한 일'을 찾아냅니다. 전에는 배경 화면처럼 지나쳤던 동료의 미소, 따뜻한 햇볕 같은 것들이 비로소 '정보'로 인식되어 뇌 안으로 들어오기 시작합니다.

심장 박동까지 바꾸는 감사의 힘

감사가 뇌뿐만 아니라 신체 리듬까지 바꾼다는 연구 결과도 있습니다. 캘리포니아대학의 로버트 에먼스**Robert Emmons** 교수팀은 10주 동안 한 그룹에는 감사 일기를, 다른 그룹에는 불평 일기를 쓰게 했는데요. 결과는 뚜렷했습니다. 감사 그룹은 행복도가 25% 증가했을 뿐만 아니라, 운동 시간도 늘어났고 병원을 찾는 횟수도 줄었습니다(Emmons & McCullough, 2003).

미국의 하트매스 연구소**HeartMath Institute**의 연구에 따르면, 감사하는 마음을 가질 때 심장 박동 패턴이 획기적으로 변합니다. 스트레스를 받으면 심장 박동의 변화**HRV**가 뾰족하고 거칠어지는데, 감사한 마음을 가지면 이 파형이 마치 사인파**Sine wave**처럼 둥글고 규칙적으로 변한다는 것이죠.

연구진은 이를 '심장정합성**Heart Coherence**' 상태라고 합니다. 억지로라도 감사한 일을 떠올리면 심장이 규칙적으로 뛰기 시작하고, 이 신호가 미주신경을 타고 뇌로 올라가 편도체를 진정시킵니다. 즉, 감사 일기는 단순한 글쓰기가 아니라, 몸의 생리 반응까지 함께 바꾸는 실질적인 훈련인 셈이죠.

감사는 '정신 승리'가 아니다

가끔 내담자분들이 물으세요. "힘들어 죽겠는데 억지로 감사하라는 건 '정신 승리'나 '희망 고문' 아닌가요?"

중요한 지적입니다. 감사는 고통을 부정하는 게 아닙니다. 시궁창에 빠졌는데 "아, 시궁창 냄새가 향기롭다"라고 거짓말을 하라는 게 아닙니다. 진짜 감사는 "시궁창에 빠져서 냄새가 나고 힘들지만(현실 인정), 그래도 다리가 부러지지 않아서 다행이다(긍정 발견)"라고 해석의 초점을 옮기는 기술입니다.

어두운 방에서 손전등을 켜는 것을 상상해 보세요. 손전등으로 쓰레기통을 비추면 쓰레기만 보이지만, 꽃병을 비추면 꽃이 보이죠. 방 안에 쓰레기통과 꽃병이 둘 다 존재한다는 사실은 변함이 없습니다. 다만 '내가 어디를 비출 것인가'는 나의 선택입니다. 감사는 손전등의 방향을 돌리는 의지적인 행위입니다.

처음에는 잘 안 됩니다. RAS의 설정이 아직 안 바뀌었으니까요. 하지만 하루에 3가지씩, 3주만 감사 일기를 써 보세요. 뇌의 가소성이 작동하여 긍정 정보를 처리하는 경로를 점차 강화합니다. 그때부터는 애쓰지 않아도 저절로 길가에 핀 꽃이 보이고, 타인의 친절이 눈에 들어오게 됩니다.

"행복해서 감사한 것이 아니라, 감사해서 행복한 것이다."

빌헬름 뮐러Wilhelm Muller, 시인

◆ 실천 팁: 뇌를 긍정 탐지기로 바꾸는 3단계

① 자기 전 '3가지 감사' 적기 (3 Good Things)

잠들기 직전은 뇌가 기억을 저장하는 골든타임입니다. 이때 오늘 있었던 감사한 일 3가지를 적으세요. 거창할 필요 없습니다.

"점심으로 먹은 김치찌개가 맛있어서 감사."

"엘리베이터를 바로 타서 감사."

"자기 전에 따뜻한 이불을 덮을 수 있어 감사."

이렇게 하면 뇌는 잠든 동안 이 긍정적인 정보를 장기 기억으로 저장합니다.

② '그럼에도 불구하고' 화법 (Reframing)

짜증 나는 일이 생겼을 때, 문장 뒤에 "그럼에도 불구하고"와 "감사하다"를 붙여 보세요.

"오늘 차가 너무 막혀서 지각했다(짜증). → 그럼에도 불구하고 사고 없이 도착해서 감사하다."

"상사에게 깨졌다(상처). → 그럼에도 불구하고 월급이 나와서 맛있는 걸 사 먹을 수 있으니 감사하다."

뇌의 회로를 부정에서 긍정으로 강제 스위칭하는 가장 강력한 문장입니다.

③ 시각적 단서 활용하기

눈에 잘 띄는 곳(현관문, 냉장고, 책상 모니터)에 '감사'라는 단어나 '스마일 스티커'를 붙여두세요. 우리의 RAS는 시각적 신호에 민감합니다. 그 단어를 볼 때마다 뇌는 무의식적으로 "아, 맞다. 감사할 거 찾아야지"라고 작동을 시작합니다.

불안 재해석하기: '두려움'을 '설렘'으로

"이번 프로젝트, 실패하면 끝장이야."

"면접관이 나를 비웃으면 어떡하지?"

중요한 일을 앞두고 우리는 본능적으로 최악의 시나리오를 씁니다. 이 때 심장은 쿵쿵거리고 손발은 차가워지죠. 우리는 이것을 '불안'이라고 부르며, 어떻게든 없애려고 애를 씁니다. "긴장하지 마, 침착해"라고 자신을 다독이지만, 앞서 2장에서 확인했듯 이미 불이 붙은 교감신경을 의지로 끄는 것은 불가능합니다. 조금 도발적인 질문을 드립니다.

"지금 당신이 느끼는 그 감정, 정말 불안일까요?"

뇌가 붙인 '두려움'이라는 해석을 내려놓고, 같은 신체 반응을 '설렘'으로 다시 읽는 인지 훈련인 '재해석'을 살펴보겠습니다. 이것은 말로 자신을 속이는 기술이 아닙니다. 같은 스트레스를 성취에 쓰느냐, 회피에 쓰느냐를 가르는 뇌의 해석 방식입니다.

뇌는 맥락을 먹고 산다

우리의 뇌는 외부 자극(심장 박동, 땀) 그 자체보다, 그 자극이 일어난 '맥락Context'을 더 중요하게 여깁니다.

예를 들어볼까요? 당신이 시속 100km로 질주하는 롤러코스터에 타고 있다고 상상해 보세요. 심장이 터질 듯 뛰고 비명이 절로 나오죠. 이때 당신은 '너무 무서워서 당장 내리고 싶어!'라고 느낍니다. 그런데 만약 당신이 이 롤러코스터를 타기 위해 2시간을 기다렸고, 스릴을 즐기는 사람이라면 어떨까요? 똑같이 심장이 터질 듯 뛰지만, 당신은 "와, 진짜 짜릿하다! 최고야!"라고 소리칩니다.

두 상황에서 나타나는 신체 반응은 거의 같습니다. 유일한 차이는 뇌의 '해석'입니다. 하나는 '생명 위협(불안)'으로 해석했고, 다른 하나는 '놀이(흥분)'로 해석했을 뿐입니다.

서울대학교 심리학과 최인철 교수는 저서 『프레임』에서 "어떤 프레임으로 세상을 보느냐에 따라 우리가 얻는 결과물은 결정적으로 달라진다"라고 강조합니다(최인철, 21세기북스, 2007). 불안을 느끼는 순간, 우리는 상황을 '위협 프레임'으로 보고 있는 셈입니다. 이 프레임을 '도전'으로 바꾸면, 같은 각성 상태에서도 뇌의 반응 방향이 달라집니다.

'진정해' vs '신난다'

2장에서 잠시 언급했던 하버드대학교 앨리슨 우드 브룩스 교수의 실험을 기억하시나요? 노래 경연을 앞둔 사람들에게 "나는 흥분했다(I am excited)"라고 말하게 했더니 성과가 월등히 좋아졌다는 연구 말입니다.

여기서 우리가 주목해야 할 심층적인 원리는 '각성 일치**Arousal-Congruence**' 입니다. 불안은 에너지가 아주 높은 상태입니다. 반면 침착함은 에너지가 낮은 상태죠. 시속 100km로 달리는 자동차(불안)를 갑자기 멈추려고(침착함) 하면 브레이크가 파열됩니다. 뇌가 거부 반응을 일으키는 것이죠.

하지만 '흥분(설렘)'은 불안과 마찬가지로 에너지가 높은 상태입니다. 둘 다 에너지가 높지만 불안과 흥분은 다른 느낌입니다. 그러니 불안한 에너지를 흥분으로 바꾸는 것이 좋겠죠. 즉, 달리는 자동차의 속도를 줄이는 게 아니라, 핸들만 살짝 꺾어서 방향만 바꾸는 겁니다. 이 방식이 뇌에 훨씬 자연스럽고 효과적입니다.

"떨지 마"라고 말하는 건 에너지를 억누르는 것이고, "설렌다"라고 말하는 건 에너지를 발산하는 것입니다. 무대에 서는 가수들이나 올림픽 금메달리스트들은 떨리지 않아서 잘하는 게 아닙니다. 그들은 긴장을 문제로 보지 않고, 수행에 필요한 각성 신호로 받아들입니다.

위협 반응 vs 도전 반응

우리가 스트레스를 '위협Threat'으로 인식하느냐, '도전Challenge'으로 인식하느냐에 따라 혈관의 모양까지 바뀝니다. 로체스터대학교의 제러미 제이미슨Jeremy Jamison 교수의 연구에 따르면, 시험이나 발표를 앞두고 '이건 너무 어려워, 망할 거야'라고 생각하면(위협 반응), 심장은 빨리 뛰는데 혈관은 수축합니다. 피가 잘 안 통하니 머리가 멍해지고 손발이 차가워집니다. 이때 흔히 몸이 굳고 사고가 느려지는 반응이 나타납니다.

반면 '이건 해볼 만해, 내 능력을 보여줄 기회야'라고 생각하면(도전 반응), 심장은 빨리 뛰지만 혈관을 시원하게 확장합니다(Jamieson et al., 2012). 뇌와 근육으로 산소가 펑펑 공급되면서 집중력이 최고조에 달합니다. 마치 운동선수가 경기 직전 몸이 풀린 상태와 같습니다.

이러한 마음가짐은 뇌에 "이건 목숨이 걸린 서바이벌 게임이 아니라, 레벨업을 위한 도전 과제야"라고 알려주는 것과 같습니다. 상황을 '평가'가 아닌 '게임'으로 인식할 때, 뇌는 두려움을 내려놓고 몰입하기 시작하니까요.

감정의 주인으로 사는 법

물론 말 한마디 바꾼다고 공포가 순식간에 사라지지는 않습니다. 하지만 연구에서 확인된 사실은, 우리가 감정에 이름을 붙이는 순간

(Labeling), 전전두엽이 깨어나 편도체의 활동을 억제한다는 것입니다.

"나 지금 떨고 있니?"가 아니라 "나 지금 흥분했니?"라고 물어보세요. 이 작은 질문의 차이가 당신을 무대 뒤로 도망치게 만들 수도 있고, 무대 중앙으로 당당하게 걸어나가게 만들 수도 있으니까요.

저도 강연장에 들어서기 전, 심장이 쿵쿵거리면 이렇게 중얼거립니다.

"오, 심장이 뛰네? 내 몸이 준비를 마쳤구나. 오늘 강연, 꽤 재밌겠는데?"

그 순간, 두려움은 나를 멈추게 하는 감정이 아니라, 행동으로 밀어올리는 에너지로 바뀝니다.

"용기란 두려움이 없는 것이 아니라, 두려움보다 더 중요한 무언가가 있다는 판단이다."

앰브로즈 레드문Ambrose Redmoon, 미국의 철학자이자 작가

◆ 실천 팁: 불안을 설렘으로 바꾸는 인지 훈련

① 3초 룰: "나는 흥분했다(Get Excited)!"

심장이 빨리 뛰고 손에 땀이 나는 신체 반응이 느껴지는 즉시, 3초 안에 입 밖으로 소리 내어 말하세요.

– "와, 나 지금 되게 흥분되네(I am excited)!"

– "몸이 에너지를 만들고 있어!"

불안으로 해석되기 전에, 같은 신체 반응을 흥분으로 먼저 인식하게 만드는 전략입니다.

② '만약에' 질문 바꾸기

불안한 뇌는 항상 "만약에 망하면 어떡하지(What if I fail)?"를 묻습니다. 이 질문을 의식적으로 뒤집으세요.

– "만약에 내가 해내면 어떨까(What if I fly)?"

– "만약에 이 발표가 대박 나서 승진하면 기분이 어떨까?"

상상만으로도 뇌에서는 도파민이 분비되어 공포를 상쇄시킵니다.

③ 파워 포즈 (Power Posing)

하버드대학의 에이미 커디^{Amy Cuddy} 교수가 제안한 방법입니다. 중요한 일을 앞두고 2분 동안 원더우먼이나 슈퍼맨처럼 허리에 손을 얹고 가슴을 쫙 펴는 자세를 취하세요.

비록 최근 연구에서 호르몬 변화에 대한 논란은 있었지만, 심리적으로 자신감을 높여주는 효과(Felt power)는 여전히 유효합니다. 몸을 웅크리면 마음도 위축되고, 몸을 펴면 뇌도 자신감을 가집니다.

실패는 데이터다:
예측 오류와 학습

"이번 시험은 완전히 망쳤어."

"내 인생은 왜 이렇게 되는 일이 없을까?"

우리는 실패를 마주할 때마다 깊은 수렁에 빠집니다. 마치 내 존재 자체가 부정당한 것 같은 패배감, 그리고 다시는 일어서지 못할 것 같은 두려움이 엄습합니다. 한국 사회에서 실패는 유독 가혹합니다. 한 번의 실패가 곧 '낙오'로 여겨지는 분위기 탓에, 우리는 실패를 '피해야 할 죄악'처럼 여기며 자랐기 때문입니다.

하지만 실험실에서 들여다본 실패의 모습은 전혀 다릅니다. 뇌의 관점에서 보면, 실패는 감정적인 상처라기보다 하나의 정보입니다. 조금 더 정확히 말하면, 실패는 뇌가 예측을 수정하는 데 필요한 학습 자료일 뿐입니다.

지금부터는 우리가 그토록 피하고 싶어 했던 실패가, 사실은 도파민이라는 신경전달물질이 가장 기다리는 순간이라는 역설적인 사실을 살펴볼게요.

도파민은 '오답 노트'를 쓸 때 나온다

8장에서 도파민이 운동할 때 기분을 좋게 만드는 '의욕 호르몬'이라고 했었죠? 하지만 17장에서 만나는 도파민은 냉철한 '과학자'의 얼굴을 하고 있습니다.

케임브리지대학의 볼프람 슐츠Wolfram Schultz 교수는 원숭이 실험을 통해 도파민의 진짜 본업을 밝혀냈습니다. 원숭이에게 불빛을 보여주고 주스를 주면, 처음에는 주스를 마실 때 도파민이 나옵니다. 하지만 이 과정이 반복되면, 원숭이의 뇌는 주스를 마실 때가 아니라 '불빛을 볼 때' 도파민을 미리 분비합니다(Schultz, 1998). 즉, 도파민은 "저 불빛이 나오면 맛있는 게 나오지!"라고 미래를 예측하는 '예측 신호'인 셈입니다.

그런데 만약 불빛을 보여주고 주스를 안 주면 어떻게 될까요? 기대했던 보상이 사라지는 순간, 원숭이 뇌의 도파민 수치는 바닥으로 곤두박질하는데요. 이것을 '보상 예측 오류Reward Prediction Error, RPE'라고 합니다.

* **양의 예측 오류 (기대 〈 결과)**: 생각지도 못한 보상을 받았을 때 도파민 폭발!

    → "와, 대박이다! 이거 기억해 둬!"(강화 학습)

* **음의 예측 오류 (기대 〉 결과)**: 기대했는데 실패했을 때 도파민 급락.

    → "어? 틀렸네. 왜 틀렸지? 수정해!"(수정 학습)

도파민 수치가 급락하는 이 순간, 우리는 실망감을 느끼지만 뇌는 비상 회의를 소집합니다. "예측이 틀렸다! 기존 데이터를 수정해!" 즉, 실패로 인한 도파민의 결핍은 뇌가 회로를 고치라는 신호죠.

우리가 실패라고 부르는 좌절감은 '음의 예측 오류'로 인해 도파민이 일시적으로 끊긴 상태에요. 기분은 안 좋지만, 뇌는 '오답 노트'를 씁니다. 도파민은 단순히 기분을 좋게 하는 것이 아닙니다. 성공과 실패의 오차를 계산하여 우리를 더 똑똑하게 만드는 '학습 신호'입니다.

실패 박물관과 오답 노트

카이스트에는 특별한 연구소인 '실패연구소'가 있습니다. 이곳에서는 '망한 연구'를 공유하고 전시합니다. "성공의 반대말은 실패가 아니라, 도전하지 않는 것"이라는 모토 아래, 실패를 부끄러운 과거가 아닌 소중한 자산으로 재정의합니다.

성공 경험만 반복되면, 뇌의 학습 폭이 오히려 좁아집니다. 예측한 대로만 결과가 나오면(예측 오류가 0이면), 뇌는 더 이상 새로운 신경망을 만들 필요가 없습니다. 반면 실패를 하고 그것을 복기할 때, 우리 뇌는 미세한 오차를 수정하기 위해 엄청난 에너지를 씁니다.

학창 시절, 선생님들이 그토록 강조하시던 '오답 노트'가 이 원리입니다. 맞힌 문제는 기분을 좋게 할 뿐, 뇌를 바꾸지는 못합니다. 반면, 틀린 문제, 그리고 왜 틀렸는지 고민한 문제만이 시냅스의 연결을 더욱 튼튼하게 만듭니다. 신경세포를 감싸는 절연체인 '미엘린^{myelin}'은 우리가 실수를 교정하고 반복 연습할 때마다 점점 두꺼워집니다. 그 결과 신경 회로는 점점 빠르고 안정적으로 작동하게 됩니다.

"아직 아닐 뿐이야(Not Yet)"

스탠퍼드대학의 캐럴 드웩^{Carol Dweck} 교수는 이를 '성장 마인드셋^{Growth Mindset}'이라는 개념으로 정리했습니다. 그녀는 아이들이 어려운 문제를 틀렸을 때, "실패했어"라고 말하는 대신 "아직은 아니야(Not Yet)"라고 말하게 했습니다.

"너는 수학을 못해(고정 마인드셋)"라는 말은 뇌의 회로를 닫습니다. 하지만 "아직 다 못풀었구나(성장 마인드셋)"라는 말은 뇌에 "시간과 노력을 더 들이면 연결될 수 있어"라는 가능성을 열어줍니다.

EBS 다큐멘터리 〈다시, 학교〉에서 이 성장 마인드셋의 위력이 확인됐습니다. 성적이 낮은 학생들에게 "뇌는 근육처럼 쓸수록 좋아진다"라는 뇌가소성 원리를 가르쳤더니, 포기하지 않고 끈기 있게 문제를 푸는 비율이 비약적으로 높아졌습니다.

실패가 두려운 이유는 그것을 '내 능력의 한계(평가)'로 받아들이기 때문입니다. 하지만 실패를 '데이터 부족(과정)'으로 해석하면 이야기가 달라집니다. 에디슨이 전구를 발명하기 위해 1만 번 실패했을 때, "나는 실패하지 않았다. 전구가 켜지지 않는 1만 가지 방법을 알아냈을 뿐이다"라고 말한 것은 단순한 허세가 아니었습니다. 그의 말은 결과적으로 예측 오류를 학습의 재료로 삼는 뇌의 작동 방식과 잘 맞습니다.

실패는 쓰다, 그러나 그 열매는 달다

물론 실패가 학습의 재료임을 안다고 해서 실패가 아프지 않은 건 아닙니다. 도파민이 끊기면 우리는 우울하고 무기력해지죠. 하지만 그 불쾌한 느낌을 '수정 신호'로 받아들이는 연습을 해야 합니다.

자전거를 처음 배울 때를 떠올려 보세요. 넘어지지 않고 자전거를 배운 사람은 아무도 없잖아요. 왼쪽으로 넘어지면 뇌는 "아, 무게 중심이 왼쪽으로 쏠렸구나"라고 데이터를 수정하고, 다음엔 오른쪽으로 힘을 줍니다. 그렇게 반복된 실패의 경험이 쌓이면서, 몸은 자연스럽게 균형을 익히게 됩니다.

지금 무언가에 실패하셨나요? 축하합니다! 당신의 뇌는 방금 아주 귀한 데이터를 얻었습니다. 그 데이터를 쓰레기통에 버리고 주저앉을지, 아니면 오답 노트에 적어놓고 시냅스를 강화할지는 당신의 선택에 있습니다.

"빨리 실패하라. 자주 실패하라. 그리고 실패하며 전진하라

(Fail fast, Fail often, Fail forward)."

실리콘밸리의 격언

① '실패' 대신 '데이터'라고 말하기 (용어 변경)

언어가 뇌를 지배합니다. 실수를 저질렀을 때 "아, 또 실패했다"라고 말하지 마세요. 대신 이렇게 말해 보세요.

– "음, 의미있는 데이터를 얻었네."

– "이 방법은 잘못됐다는 정보를 확인했어."

감정을 잠시 내려두고, 사실과 과정에 집중하는 연습입니다.

② 실패 이력서 쓰기 (Failure Resume)

스탠퍼드대학의 티나 실리그^{Tina Seelig} 교수가 제안한 방법입니다. 성공한 경력만 적는 이력서 대신, 내가 저지른 실수와 실패들을 쭉 적어보세요. 그리고 그 옆 칸에 '그것을 통해 무엇을 배웠는가'를 적습니다.

– 실패: 프로젝트 마감일을 못 지킴.

– 배움: 내 자신이 생각보다 멀티태스킹에 약하다는 걸 알게 됨. 앞으론 한 번에 하나씩 처리해야지.

실패가 부끄러운 과거가 아니라 성장의 밑거름으로 재탄생합니다.

③ '마법의 단어' 붙이기: "아직은(Yet)"

"나 이거 못해"라는 말이 튀어나올 때마다, 조건반사적으로 뒤에 "아직은"을 붙이세요.

"나 이거 못해… 아직은."

이 작은 단어 하나가 뇌의 닫힌 문을 다시 열어줍니다.

④ 도파민 단식보다는 '작은 성공' 설계하기

실패로 인해 도파민이 고갈되어 무기력하다면, 아주 쉬운 성공 경험으로 도파민을 조금씩 채워줘야 합니다. '이불 개기' '물 한 잔 마시기'처럼 100% 성공할 수 있는 미션을 수행하고 자신을 칭찬하세요. 작은 예측 오류(성공)들이 모여 다시 도전할 에너지를 만듭니다.

위험 감수와 도전: 뇌를 성장시키는 용기

"이불 밖은 위험해."

인터넷에서 유행했던 이 밈, 다들 아시죠? 웃자고 하는 소리 같지만, 소름 돋게 맞는 말입니다. 우리의 뇌는 기본적으로 겁쟁입니다. 수백만 년 동안 뇌의 최우선 임무는 '생존'이었으니까요. 그래서 뇌는 낯선 곳보다, 익숙하고 안전한 이불 속을 더 좋아합니다.

우리가 새로운 도전을 주저하는 이유는 의지가 약해서가 아닙니다. 뇌의 '손실 회피Loss Aversion' 본능 때문입니다. 뇌는 얻는 기쁨보다, 잃는 고통에 더욱 민감합니다. 뇌는 똑같은 100만 원이라도 얻는 기쁨보다 잃는 고통을 2배 이상 크게 느낍니다. 그래서 "가만히 있으면 중간은 간다"라는 말이 우리 삶의 지침이 되었습니다.

그런데 뇌는 참 아이러니한 면이 있습니다. 뇌는 안전을 선호하지만, 안전한 곳에만 머물면 오히려 급격히 늙고 퇴화합니다.

이번에는 왜 우리가 뇌를 위해 기꺼이 '위험한 이불 밖'으로 나가야 하는지 이야기하겠습니다.

안전지대, 뇌의 양로원

심리학에는 '안전지대Comfort Zone'이라는 개념이 있습니다. 불안감이 없고, 모든 것이 익숙하며, 내가 통제할 수 있는 심리적 영역입니다. 매일 가는 카페, 늘 만나는 친구들, 익숙한 업무 방식이 여기에 속합니다. 이곳에 있으면 뇌는 편안해요. 에너지를 쓸 필요가 없으니까요.

뇌의 입장에서 보면, 안전지대는 마치 양로원과 비슷합니다. 6장에서 배웠듯 뇌는 "사용하지 않으면 잃는다(Use it or lose it)"라는 원칙을 따릅니다. 매일 똑같은 자극만 들어오면 뇌는 더 이상 새로운 시냅스를 연결하지 않습니다. 기존의 회로만 반복해서 쓰다가, 결국 굳어 버리고 말죠.

우리가 나이 들수록 시간이 빨리 간다고 느끼는 이유도 여기 있습니다. 어릴 때는 모든 것이 새롭잖아요. 그래서 뇌는 하루하루를 자세히 저장합니다. 하지만 어른이 되어 일상이 반복되면, 뇌는 많은 기억을 과감히 생략합니다. 안전지대에 머문다는 건, 뇌의 시간을 삭제하고 노화를 앞당기는 행위입니다.

도파민의 진짜 얼굴: 쾌락이 아니라 '탐색'이다

우리를 안전지대 밖으로 끌어내는 힘은 어디서 올까요? 또다시 도파민입니다. 우리는 도파민을 일반적으로 쾌락의 호르몬으로만 알고 있습니다. 그러나 야크 판크세프 **Jaak Panksepp**는 도파민을 '탐색의 시스템'이라고 불렀습니다(Panksepp, 1998). 도파민은 우리가 맛있는 걸 먹을 때보다, 새로운 곳을 찾아 나설 때, 낯선 것을 궁금해할 때 훨씬 더욱 많이 분비됩니다. 원시 인류가 맹수의 위협을 무릅쓰고 산 너머에 무엇이 있는지 궁금해하며 이동했던 것은 '탐색 도파민' 덕분입니다.

여행을 가면 피곤한데도 눈이 초롱초롱해지고 활력이 도는 경험을 해 보셨을 거예요. 낯선 풍경, 낯선 언어, 낯선 음식…, 이 모든 '불확실성'이 뇌의 탐색 시스템을 자극하여 도파민을 폭발시키기 때문입니다. 뇌는 영양제보다, 새로운 자극에 더 크게 반응합니다.

한국 사회의 '정답 강박'을 넘어서

한국 사회는 유독 '정답'을 강요합니다. 몇 살에는 취업해야 하고, 결혼은 '적령기'에 해야 하며, 일정 평수 이상의 아파트에 살아야 한다는 식의 표준화된 라이프스타일이 존재합니다. 이 경로에서 벗어나면, 우리는 곧바로 '위험하다'라고 느낍니다.

아주대학교 심리학과 김경일 교수는 저서 『적정한 삶』에서 "한국인은 불안을 줄이기 위해 확실한 것을 선호하지만, 행복은 확실함이 아니라 '새로운 경험'에서 온다"라고 강조합니다(김경일, 진성북스, 2021).

남들이 다 가는 맛집 줄 서기에 동참하면 실패할 확률은 줄어들죠(손실 회피). 하지만 거기엔 '발견의 기쁨'이 없습니다. 반면, 골목길을 헤매다 우연히 들어간 허름한 식당에서 맛있는 국밥을 발견했을 때, 우리 뇌는 엄청난 희열을 느낍니다. 이것이 도파민이 주는 '예측하지 못한 보상'입니다.

안전한 길로만 다니면 실패는 없겠지만, 뇌가 성장할 기회도 사라집니다. 위험을 감수한다는 것은 낭떠러지로 뛰어드는 무모함이 아닙니다. 남들이 정해놓은 정답지가 아니라, 내가 직접 부딪혀서 나만의 데이터를 쌓겠다는 '지적인 용기'입니다.

적당한 스트레스는 뇌를 춤추게 한다

물론 감당할 수 없는 위험은 독입니다. 반면 감당할 수 있는 수준의 위험, 즉 '적정 불안Optimal Anxiety'은 뇌의 수행 능력을 극대화합니다. 이 관계를 설명하는 이론이 '여키스-도슨 법칙Yerkes-Dodson law'입니다. 스트레스가 너무 없으면(지루함) 뇌는 잠을 자고, 스트레스가 너무 높으면(패닉) 뇌는 그대로 얼어붙죠. 하지만 약간의 긴장과 도전적인 과제가 주어질 때 뇌는 각성 상태가 되어 최고의 능력을 발휘합니다.

익숙한 업무만 처리하면 편하지만 지루합니다. 반면 '이걸 내가 할 수 있을까?' 싶은 프로젝트를 맡으면 두렵지만 가슴이 뛰잖아요. '약간 두렵다'라는 느낌은 '내가 성장하고 있다'라는 가장 확실한 신호입니다.

만약 요즘 삶이 지나치게 편안하고 모든 것이 예측 가능하게 느껴진다면, 한 번쯤은 멈춰서 생각해 볼 필요가 있습니다. 당신의 뇌가 시들어가고 있다는 뜻이니까요. 오늘 당장 안전지대의 경계선 밖으로 한 발자국만 내디뎌 보세요. 그곳에 당신이 몰랐던 새로운 뇌의 가능성이 기다리고 있습니다.

"배는 항구에 정박해 있을 때 가장 안전하다. 하지만 그것이 배가 만들어진 이유는 아니다."

존 A. 셰드 John A. Shedd, 미국의 작가이자 사상가

① '낯선 메뉴' 주문하기 (소소한 모험)

뇌를 훈련하기 위해 굳이 번지점프를 할 필요는 없습니다. 점심시간에 매일 가던 식당 대신 한 번도 안 가본 식당을 가세요. 늘 마시던 아메리카노 대신 이름도 생소한 시즌 음료를 시키세요.

'맛없으면 어떡하지?'라는 작은 불안을 '새로운 맛을 경험한다!'라는 호기심으로 바꾸는 연습입니다. 이 작은 시도들이 모여 뇌의 탐색 시스템을 깨웁니다.

② 한 달에 한 번 '하루짜리 강좌' 듣기

도자기 만들기, 댄스, 코딩, 프랑스 자수 등 평소의 나와는 전혀 상관없는 분야의 수업을 들어보세요. 17장에서 배웠던 '초보자의 마음'으로 돌아가 서툴게 손을 움직일 때, 뇌에는 전에 없던 새로운 시냅스 고속도로가 뚫립니다. 잘할 필요 없습니다. '낯섦' 그 자체가 목적입니다.

③ '랜덤 산책' 하기

목적지를 정하지 않고 걷는 훈련입니다. 갈림길이 나오면 동전을 던져서 방향을 정하거나, '신호등이 나오면 무조건 왼쪽' 같은 규칙을 정해 걸어보세요. 내비게이션 없이 길을 찾아가는 경험은 해마의 공간 지각 능력을 극한으로 자극하고, 뇌에 "예측 불가능한 상황도 즐겁네?"라는 자신감을 심어줍니다.

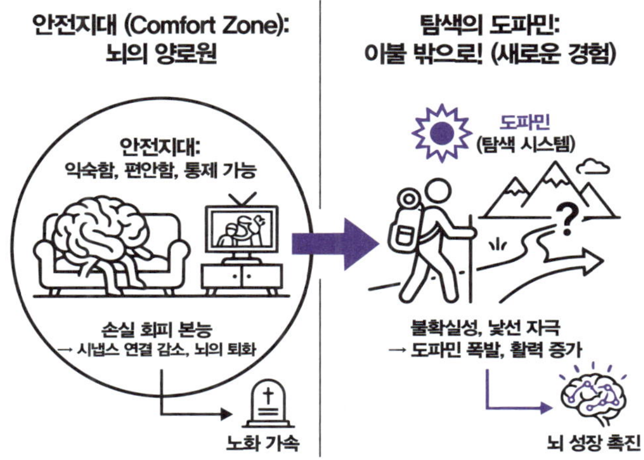

적정 불안 (Optimal Anxiety):
뇌의 퍼포먼스 곡선

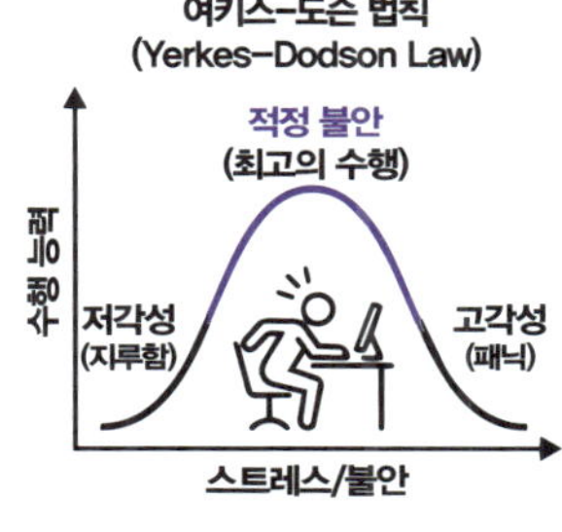

약간의 긴장과 도전
→ 각성 상태, 집중력 최고조

19장 아주 작은 습관의 힘: 뇌를 속이는 시작

"올해는 기필코 매일 1시간씩 조깅하고야 말겠어!"

"매일 영어 단어 50개를 외우겠어!"

새해 첫날이면, 우리는 다이어리에 큼지막한 목표를 적어 내려갑니다. 하지만 이 야심 찬 계획은 보통 3일, 길어야 일주일을 넘기지 못합니다. 우리는 이런 실패를 흔히 '작심삼일'이라고 부르죠. 그리고 자연스럽게, 자신의 의지를 탓합니다. '나는 왜 이렇게 끈기가 없을까?' 하고요.

하지만 이 지점에서, 한 가지를 짚어보겠습니다. 실패한 원인은 의지 때문이 아닙니다. 뇌의 방식과 맞지 않는 전략을 썼기 때문입니다. 우리 뇌에는 변화를 극도로 싫어하는 아주 강력한 보수주의자가 살고 있습니다. 이번 이야기는 그 보수주의자를 감쪽같이 속여서, 내가 원하는 행동을 하게 만드는 전략에 관한 내용입니다.

뇌 속의 자동항법장치, 기저핵

우리 뇌의 깊은 곳에는 '기저핵Basal Ganglia'이라는 부위가 있습니다. 이곳은 우리가 반복하는 행동을 자동으로 처리하는 영역입니다. 아침에 일어나서 양치질하고, 밥을 먹고, 운전해서 회사에 가는 동안 우리는 굳이 '오른손을 들어 칫솔을 잡아야지' '오늘 아침은 특별히 다른 길로 출근해볼까?'라고 생각하지 않잖아요? 기저핵이 알아서 늘 하던 대로 몸을 움직여주기 때문입니다.

기저핵이 가장 중요하게 여기는 것은 에너지 낭비를 줄이는 일입니다. 뇌는 생각보다 많은 에너지를 쓰는 기관이거든요. 불필요한 노력을 극도로 싫어합니다. 그래서 뇌는 반복되는 행동을 기저핵에 '패턴'으로 저장해 두고, 생각(전전두엽) 없이 자동으로 처리하여 에너지를 아끼려 합니다.

문제는 우리가 새로운 도전(예: 매일 1시간 운동)을 시작하려 할 때 발생합니다. 이것은 기저핵에 없는 낯선 패턴입니다. 기저핵은 이것을 '에러' 혹은 '위협'으로 받아들입니다.

"이건 평소 패턴이 아닙니다. 에너지 낭비입니다. 그만두세요."

기저핵이 파업을 선언하면, 갑자기 몸이 천근만근 무거워지고, '오늘은 피곤하니까 내일 할까?'라는 합리화를 시작합니다. 의지력을 담당하는 전전두엽은 에너지가 금방 고갈되는 약한 배터리를 가졌기 때문에, 강력한 기저핵의 저항을 이길 수 없습니다. 결국 작심삼일은 의지의 문제가 아니라, 뇌의 구조 문제입니다.

뇌를 속이는 트로이 목마: 스몰 스텝

어떻게 해야 이 고집불통 기저핵을 뚫고 새로운 습관을 심을 수 있을까요? 이럴 때 필요한 건, 힘으로 밀어붙이는 방식이 아닙니다. 기저핵이 눈치채지 못할 만큼 '아주 작게' 시작하는 것입니다.

미국의 습관 전문가 비제이 포그**BJ Fogg** 박사는 이를 '작은 습관**Tiny Habits**'이라고 불렀고, 로버트 마우러**Robert Maurer** 교수는 '스몰 스텝**Small Step**' 전략이라고 이름 붙였습니다(Fogg, 2019; Maurer, 2004).

그들의 말대로 목표는 작아야 합니다. 실패할 이유가 없을 정도로요.

* '매일 1시간 운동' (X) → '매일 팔굽혀펴기 1회' (O)
* '매일 영어 단어 50개 암기' (X) → '매일 단어 1개 확인' (O)
* '매일 책 10페이지 읽기' (X) → '책 펼치기' (O)

"겨우 팔굽혀펴기 1회로 무슨 운동이 돼?"라고 비웃을 수도 있어요. 하지만 1회는 엄청난 의미가 있습니다. 목표가 작으면 기저핵은 경보를 울리지 않습니다. "뭐야, 고작 한 번? 그 정도는 에너지 안 드니까 그냥 해"라며 문을 열어주는 거죠.

그런데 재미있는 건, 뇌는 일단 시작하면(시냅스 전화), 관성의 법칙에 따라 그 행동을 지속하려는 성질이 있습니다. 팔굽혀펴기 1회를 한 사람은, 기왕 엎드린 김에 5회, 10회를 하게 되죠. 설령 정말 1회만 하고 끝냈다 해도 상관없습니다. 뇌는 '해냈다'라는 감각을 기억하니까요. 그 순간, 도파민을 분비합니다. 이 작은 성공들이 모여 기저핵에 새로운 회로가 깔립니다.

'완벽주의'라는 덫

한국 사람들이 습관 형성에 실패하는 큰 심리적 장벽은 '완벽주의'입니다. '제대로 안 할 거면 안 하는 게 낫다'라는 생각입니다. 하지만 뇌의 관점에서는, 이 방식이 독이 됩니다. 아주대학교 심리학과 김경일 교수는 "완벽주의자는 100점이 아니면 0점이라고 생각하기 때문에, 시작조차 못하거나 한 번만 실수해도 포기해 버린다"라고 지적합니다(김경일, 2017).

습관은 '강도'가 아니라 '빈도'로 형성됩니다. 어쩌다 한 번 하는 강도 높은 운동보다, 매일 하는 가벼운 스트레칭이 뇌의 구조를 빠르고 강력하게 바꿉니다. 시냅스는 반복될 때 두꺼워지니까요.

이민규 교수의 『실행이 답이다』에서도 "실행력을 높이는 가장 좋은 방법은 시작의 문턱(진입 장벽)을 낮추는 것"이라고 강조합니다(이민규, 더난출판, 2011). 뇌가 부담을 느끼지 않게 문턱을 깎고 또 깎으세요. "이렇게 쉬워도 되나?" 싶을 정도가 좋습니다.

시작 버튼은 2분 안에 눌러라

제임스 클리어^{James Clear}는 저서 『아주 작은 습관의 힘』에서 '2분 규칙 2-Minute Rule'을 제안합니다. 어떤 새로운 습관이든 그것을 시작하는 데 2분 이상 걸려서는 안 된다는 것입니다(Clear, 2018). '매일 30분 독서하기'는 2분 규칙에 맞지 않습니다. 이것을 '자기 전에 2분 동안 한 페이지 읽기'로 바꾸세요.

뇌를 설득하려 들지 말고, 구조를 이용하세요. 거창한 목표는 뇌를 겁먹게 하지만, 사소한 시작은 뇌를 춤추게 합니다. 오늘 밤, 여러분의 목표는 '마라톤 완주'가 아니라 '운동화 끈 묶기'여야 합니다.

"우리가 반복적으로 하는 것이 곧 우리 자신이다. 그러므로 탁월함은 행동이 아니라 습관이다."

윌 듀런트^{Will Durant}, 철학자이자 대학교수

① '2분 규칙'으로 쪼개기

하기 싫은 일이 있다면, 그것을 딱 2분만 하겠다고 뇌와 협상하세요.

– "리포트 쓰기 싫다." → "딱 2분만 파일 열어서 제목만 쓰자."

– "설거지가 쌓였네." → "딱 2분만 컵 하나만 씻자."

시작의 고통(시동 에너지)만 넘기면, 뇌의 측좌핵이 활성화되어 나머지는 저절로 굴러갑니다.

② '만약–그러면' 계획 (If–Then Planning)

의지력에 기대지 말고, 특정 상황이 오면 기계적으로 행동하도록 뇌에 코딩을 하세요. 심리학자 페터 M. 골비처[Peter M. Gollwitzer]가 증명한 가장 강력한 실행 의도 기법입니다.

– "만약 저녁을 다 먹으면(Trigger), 즉시 운동화를 신는다(Action)."

– "만약 아침에 알람이 울리면, 즉시 물 한 잔을 마신다."

이는 선택의 고민을 없애주어 기저핵이 아주 좋아합니다.

③ 환경 설계 (마찰력 조절하기)

좋은 습관은 하기 쉽게(마찰력 줄이기), 나쁜 습관은 하기 어렵게(마찰력 높이기) 만드세요.

운동을 하고 싶다면? 운동복을 잠옷 옆에 두고 주무세요.

스마트폰을 줄이고 싶다면? 충전기를 침실이 아닌 거실에 두세요.

다이어트를 하고 싶다면? 과자를 찬장 깊숙한 곳이나 눈에 안 보이는 곳에 두세요.

환경이 바뀌면 뇌는 저항 없이 행동을 바꿉니다.

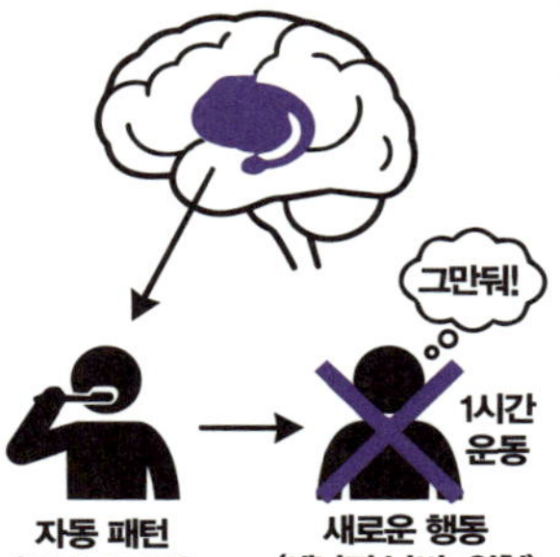

기저핵: 뇌의 자동항법장치
(에너지 절약)
그만둬!
자동 패턴
(에너지 절약)
새로운 행동
(에너지 낭비, 위협)
1시간 운동
기존 회로 선호,
새 도전 거부 (저항)

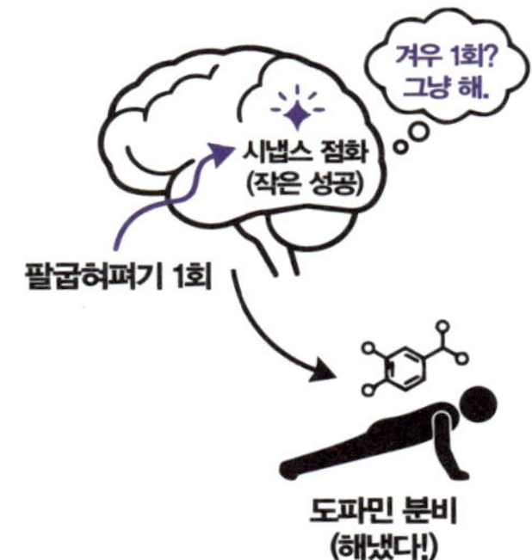

스몰 스텝: 뇌를 속이는 트로이 목마
겨우 1회? 그냥 해.
시냅스 점화
(작은 성공)
팔굽혀펴기 1회
도파민 분비
(해냈다!)
작은 목표 → 저항 없음
→ 행동 지속 → 회로 형성

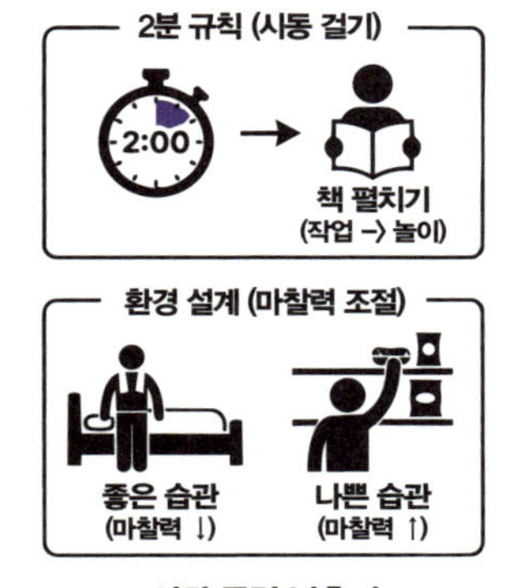

실행 기술: 2분 규칙과 환경 설계
2분 규칙 (시동 걸기)
2:00
책 펼치기
(작업 → 놀이)
환경 설계 (마찰력 조절)
좋은 습관
(마찰력 ↓)
나쁜 습관
(마찰력 ↑)
시작 문턱 낮추기,
환경 변화로 행동 유도

두려움을 넘어서는 행동: 용기의 신경회로

"중요한 메일을 보내야 하는데, 혹시 거절당할까 봐 '전송' 버튼을 못 누르겠어요."

"발표 준비는 다 했는데, 사람들이 쳐다보는 상상만 해도 숨이 막혀요."

두려움을 느끼는 순간, 우리는 뒤로 물러섭니다. 이불 속으로 숨거나, 스마트폰을 보며 딴청을 피우거나 약속을 취소합니다. 그리고 그 순간만큼은 마음이 잠시 편해집니다. "휴… 다행이다." 하고요.

하지만 이 지점에서, 한 가지는 분명히 짚어야 합니다. 여러분이 두려워서 도망친 그 순간, 뇌의 측면에는 하나의 학습이 남습니다. '회피'입니다. 이는 즉각적인 효과가 있어 당장은 불안을 없애주지만, 장기적으로는 불안을 괴물처럼 키웁니다. 왜 우리는 두려워도 행동해야 할까요? 그리고 뇌는 어떻게 용기라는 새로운 회로를 만들까요?

회피는 불안의 '먹이'이다

뇌과학에는 '부적 강화Negative Reinforcement'라는 개념이 있습니다. '어떤 행동을 했을 때 고통(불안)이 사라지면, 뇌는 그 행동을 학습하고 강화한다'라는 원리입니다. 발표가 무서워서 병가를 냈다고 가정해 볼까요? 그 순간 심장은 진정되고 마음은 편해지죠(불안 제거). 그러면 뇌의 기저핵은 이렇게 기록합니다.

"발표는 위험하고, 도망치는 건 안전하다. 다음에도 무조건 도망치자!"

이 회로가 반복되면 나중에는 발표뿐만 아니라 회의, 전화 통화, 심지어 사람을 만나는 것조차 두려워집니다. 이런 방식으로, 불안은 점점 범위를 넓혀갑니다.

신경심리학자 캐서린 피트먼Catherine Pittman 박사는 저서 『불안한 뇌를 다스리는 법』에서 "회피는 편도체에 '저것은 위험하다'라는 사실을 학습시키는 가장 강력한 훈련"이라고 경고합니다(Pittman & Karle, 2015).

우리가 도망치는 순간, 편도체는 "휴, 살았다! 역시 저건 위험한 거였어. 다음에 또 피해야지"라고 기억을 강화합니다. 결국 회피할수록 뇌는 세상을 점점 더 위험한 곳으로 인식합니다.

뇌의 '안전 기억' 만들기: 공포 소거

이 악순환을 끊으려면 어떻게 해야 할까요? 방법은 하나에요. 두려운 상황을 피하지 않는 것이죠. 두려운 상황에 나를 의도적으로 노출하는 거죠. 많은 분이 오해합니다. 공포를 극복한다는 건, 뇌에서 공포 기억을 지우개로 싹 지우는 게 아닙니다. 뇌는 한 번 저장된 강렬한 감정 기억(트라우마)을 쉽게 지우지 못합니다. 대신 뇌는, 그 기억 옆에 다른 경험을 덧붙입니다.

쥐에게 '종소리가 울리면 전기 충격이 온다'를 학습시키면 쥐는 종소리만 들어도 벌벌 떨죠(공포 학습). 그런데 이후에 종소리를 들려주고 전기 충격을 주지 않는 과정을 수백 번 반복하면, 쥐는 더 이상 떨지 않습니다.

'어? 종소리가 울려도 안전하네?'라는 새로운 데이터가 입력된 거예요. 이 과정을 '공포 소거^{Fear Extinction}'라고 부릅니다.

이때 뇌에서는 획기적인 변화가 일어납니다. 이성의 뇌인 '내측 전전두엽^{mPFC}'이 공포의 뇌인 편도체에 다음과 같은 억제 신호를 보냅니다.

"이미 해봤다. 위험하지 않다."

우리가 두려움에도 불구하고 행동을 감행할 때마다, 전전두엽에서 편도체로 가는 이 '용기의 신경회로'가 굵어집니다. 용기는 성격이 아닙니다. 반복된 행동이 만들어낸 결과물입니다.

행동 활성화: 의욕은 행동 뒤에 온다

“저는 의욕이 생기면 할게요.”

우울증이나 불안에 시달리는 분들이 많이 하는 말입니다. 하지만 실제로 뇌는 반대 순서로 작동하거든요. 우리 뇌의 보상 회로는 ‘행동 → 보상 → 의욕’의 순서로 작동합니다. 가만히 누워서 천장만 보고 있으면 뇌는 도파민을 만들 이유가 없습니다. 여기서 나온 심리 치료법이 ‘행동 활성화**Behavioral Activation, BA**’입니다. 기분과 상관없이 일단 몸을 움직여서 뇌를 깨우는 거예요.

워싱턴대학의 닐 제이콥슨**Neil Jacobson** 교수팀은 심각한 우울증 환자들을 대상으로 실험했습니다. 약물치료도 인지 치료도 없이, 산책하기·요리하기 같은 단순한 행동만 시켰는데도 우울증이 눈에 띄게 나아졌습니다(Jacobson et al., 1996).

「한국심리학회지(2021)」에 실린 연구에서도, 코로나 블루를 겪는 대학생들에게 매일 작은 행동 과제를 수행하게 했더니 불안과 무기력이 실제로 줄었습니다. 행동이 먼저 일어나자, 뇌가 뒤따라 반응하기 시작한 것입니다. 기분이 행동을 만드는 게 아닙니다. 행동이 기분을 만듭니다. 두려움이 먼저가 아닙니다. 움직임이 먼저입니다.

5초의 법칙

결정적인 순간, 도망치고 싶은 본능을 어떻게 이길 수 있을까요? 세계적인 동기부여 전문가 멜 로빈스Mel Robbins는 뇌가 핑계를 만들기 전에 움직이는 '5초의 법칙'을 제안합니다.

'아, 헬스장 가기 싫다…'라는 생각이 들 때, 뇌는 5초 안에 '오늘은 비가 오잖아' '어제 무리했잖아'라며 안 갈 핑계를 수십 가지나 만듭니다. 전전두엽이 합리화를 시작하기 전, "5, 4, 3, 2, 1, 시작!" 하고 카운트다운을 하며 몸을 스프링처럼 튕겨 일으키는 거예요.

이 숫자를 세는 행위는 전전두엽을 '기대 모드'가 아닌 '집중 모드'로 전환시켜서, 습관적인 회피 회로(기저핵)를 차단합니다. 생각이 끼어들기 전에, 몸을 먼저 움직여 버리는 거죠. 용기는 두려움이 없는 상태가 아닙니다. 다리가 후들거리고 심장이 터질 것 같지만, '그럼에도 불구하고' 한 발자국 내디디는 그 순간, 당신의 뇌는 어제보다 조금 더 크고 단단해집니다.

"행동이 감정을 낳는다. 우울하면 억지로라도 웃고, 두려우면 억지로라도 당당하게 걸어라. 그러면 뇌는 당신의 행동을 믿고 따라온다."

윌리엄 제임스, 심리학의 아버지이자 철학자

◆ 실천 팁: 두려움을 뚫고 나가는 3가지 행동 전략

① 공포의 사다리 타기 (점진적 노출)

가장 두려운 일을 맨 위에, 가장 만만한 일을 맨 아래에 적으세요. 그리고 아래부터 하나씩 정복해 나갑니다.

＊ 목표: 많은 사람 앞에서의 발표

－ 1단계: 거울 보고 혼자 연습 (성공! → 뇌에 안전 신호 입력)

－ 2단계: 가족이나 친한 친구 한 명 앞에서 발표

－ 3단계: 소규모 스터디 그룹에서 발표

이렇게 뇌를 야금야금 적응시키면 편도체는 "어? 이것도 별거 아니네?"라며 경계수위를 낮춥니다.

② 반대 행동 (Opposite Action)

변증법적 행동치료[DBT]의 핵심 기술입니다. 감정이 시키는 것과 '정반대'로 행동하세요.

－ 감정: '이불 속에 숨고 싶어.' (회피)
－ 행동: 이불을 박차고 밖으로 나간다. (접근)

－ 감정: '그 사람을 피하고 싶어.' (회피)
－ 행동: 먼저 가서 인사를 건넨다. (접근)

감정을 무시하는 게 아닙니다. 감정에 끌려다니지 않겠다는 주도권 선언입니다. 뇌는 당신의 대담한 행동을 보고 '이 상황은 내가 통제할 수 있다'라고 재해석합니다.

③ '그래서 뭐?' 기법 (So What?)

두려움은 항상 최악의 상상을 먹고 자랍니다. 그 상상의 끝까지 가보세요.

– '발표를 망치면 어떡하지?' → '그래서 뭐?'

– '사람들이 비웃겠지.' → '그래서 뭐?'

– '창피하겠지.' → '그래서 뭐? 창피하다고 죽나? 내 인생이 끝나나?'

막상 끝까지 파고들면, 우리가 두려워하는 결과가 생각보다 치명적이지 않다는 (Not catastrophic) 사실을 전전두엽이 깨닫게 됩니다.

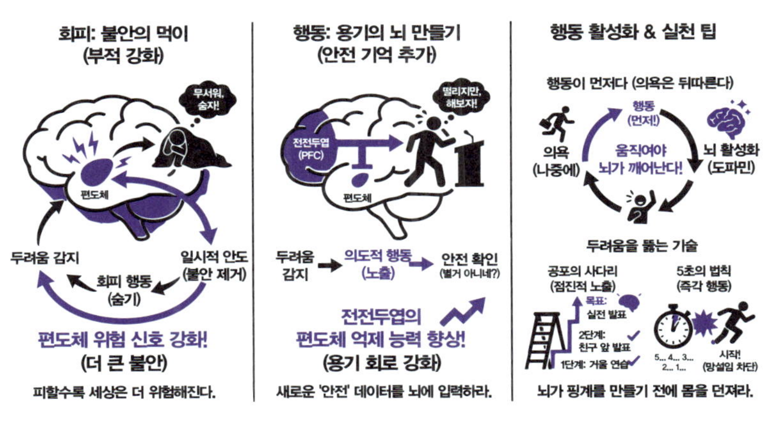

 **21장**

루틴의 힘: 예측 가능한 뇌가 평온하다

"내일 아침에 눈을 떴을 때, 회사에 지각하지 않을까?"

"오후 회의 때 상사가 기분이 나쁘면 어떡하지?"

우리의 하루에는 예상하지 못한 일이 계속 일어납니다. 주식 시장은 요동치고, 뉴스는 불안한 미래를 예고하며, 직장 상사의 기분은 종잡을 수가 없습니다. 현대인의 피로는 단순히 몸이 힘들어서 생기는 게 아닙니다. 예측할 수 없는 상황이 계속 이어지면, 뇌는 금세 지칩니다.

뇌는 고통보다, 예측할 수 없는 상태를 더 힘들어합니다. 매를 맞더라도 언제 맞을지 아는 것과, 눈을 가린 채 언제 맞을지 모르는 공포는 천지 차이입니다. 이번 시간은 이 혼란스러운 세상에서 뇌에 '느낌표'를 선물하는 기술, '루틴Routine'에 대해 이야기합니다.

뇌는 '예측 기계'다

세계적인 뇌과학자 칼 J. 프리스턴Karl J. Friston은 "뇌의 유일한 목적은 '예측 오차Prediction Error'를 최소화하는 것"이라고 정의했습니다(Friston, 2010). 이를 '자유 에너지 원리'라고 하죠.

뇌는 다음에 벌어질 일을 계속 미리 그려봅니다. 예측이 맞으면 뇌는 편안해합니다(에너지 절약). 하지만 예측이 틀리거나(불확실성) 어긋나면, 뇌는 즉각 긴장 상태로 들어갑니다.

불규칙한 생활을 하는 사람의 뇌를 생각해보면 이해가 쉽습니다. 언제 밥을 먹을지, 언제 잘지, 언제 일할지 모릅니다. 뇌는 24시간 내내 '다음엔 또 무슨 일이 터질까?'를 감시하느라 과부하가 걸립니다.

반면, 루틴이 있는 사람의 뇌는 '아침 7시네? 물 한 잔 마시고 스트레칭하겠군. OK, 접수 완료'라며 예측 오차를 '0'으로 만듭니다.

루틴은 뇌에 '안전지대'를 만들어주는 울타리입니다. 세상이 아무리 뒤숭숭해도, 내 삶의 패턴이 일정하면 뇌는 '적어도 이 시간만큼은 내가 통제할 수 있어'라는 깊은 안정감을 느낍니다.

무의식이 주는 자유, 인지적 구두쇠

우리는 흔히 루틴을 '지루한 반복'이나 '자유를 억압하는 틀'이라고 생각합니다. 하지만 루틴은 선택의 부담을 줄여줍니다.

스티브 잡스나 마크 저커버그가 늘 똑같은 옷을 입은 이유는 패션 감각이 없어서가 아닙니다. '무엇을 입을까?'라는 사소한 결정을 루틴으로 만들어버림으로써, 뇌의 에너지를 아껴 더 창의적이고 중요한 일에 쏟으려는 거죠. 심리학에서는 이런 방식을 '인지적 구두쇠 전략'이라 합니다.

아침에 일어나서 '오늘 운동을 할까 말까?' 고민하는 순간, 뇌는 이미 지칩니다. 하지만 '아침 6시=운동화 신기'가 루틴이 된 사람은 고민 없이 몸을 움직입니다. 고민이 줄어들자, 집중할 여지가 생깁니다.

문화심리학자 김정운 교수는 저서 『바닷가 작업실에서는 전혀 다른 시간이 흐른다』에서 루틴을 '리추얼Ritual(의식)'로 격상시킵니다. 그는 "불안을 잠재우고 일상을 거룩하게 만드는 것은 반복되는 의식뿐이다"라고 강조합니다(김정운, 21세기북스, 2019). 단순히 반복하는 것이 아니라, 그 반복 속에 나만의 의미를 담을 때 루틴은 삶을 지탱하는 단단한 기둥이 됩니다.

루틴은 '회복탄력성'의 베이스캠프

인생을 살다 보면 예기치 못한 태풍을 만납니다. 실직하거나, 건강을 잃거나, 사랑하는 사람과 이별할 수도 있습니다. 이때 멘털이 완전히 붕괴되지 않고 다시 일어서는 사람들의 공통점은 무엇일까요? 그 핵심은 루틴, 늘 똑같이 돌아가는 일상입니다.

아무리 슬프고 힘들어도 아침 7시에 일어나 이불을 개고, 따뜻한 차를 마시고, 동네 한 바퀴를 걷는 사람. 이 반복은 뇌를 비로소 현재로 붙잡아 두며 이런 주문을 겁니다.

"봐, 세상은 여전히 평온하게 돌아가고 있어. 너의 일상은 무너지지 않았어."

2014년, 텍사스대학 졸업식 축사에서 윌리엄 맥레이븐^{William McRaven} 제독은 이렇게 말했습니다.

"세상을 바꾸고 싶다면, 이불 정리부터 시작하십시오."

전쟁터 같은 하루를 보내고 집에 돌아왔을 때, 정돈된 침대를 보는 것은 뇌에 '내일은 더 나을 거야'라는 희망을 줍니다. 루틴은 성취를 위한 전략이 아니라, 무너질 때 버텨주는 장치입니다.

스포츠 선수들이 루틴에 집착하는 이유

테니스 황제 라파엘 나달^{Rafael Nadal}은 서브를 넣기 전 항상 똑같은 동작을 10개 이상 반복합니다. 물병 줄을 맞추고, 바지를 치켜올리고, 귀를 만지죠. 사람들은 징크스라고 하지만, 뇌과학적으로는 '프리 퍼포먼스 루틴^{Pre-performance Routine}'입니다.

극도의 긴장감 속에서(불확실성), 익숙한 동작을 반복하면 뇌는 '아, 이

건 연습 때 수만 번 했던 그 상황이구나'라고 인식합니다(예측 가능). 그러면 교감신경의 흥분이 가라앉고, 평소의 실력을 발휘합니다.

우리도 마찬가지입니다. 중요한 발표나 시험을 앞두고 떨린다면, 평소에 하던 루틴을 수행하세요. 늘 마시던 커피를 마시고, 듣던 음악을 들으세요. 익숙한 리듬이 뇌의 비상벨을 끄고 평온함을 되찾아 줍니다. 루틴을 족쇄처럼 느끼는 사람도 있습니다. 하지만 루틴은 불안정한 상황에서 중심을 잡아주는 기준점이 됩니다. 오늘 당신을 지탱해 주는 기준은 무엇인가요?

"우리의 삶은 습관적인 생각과 행동의 총합이다. 탁월함은 일회성 행동이 아니라 습관에서 나온다."

아리스토텔레스Aristotle, 고대 그리스의 철학자

◆ 실천 팁: 평온한 뇌를 만드는 3가지 루틴

① 이불 정리 (하루의 첫 번째 성취)

아침에 눈을 뜨자마자 이불을 반듯하게 개세요. 시간은 1분도 안 걸립니다. 이 행동 하나만으로도, 뇌는 '하루를 시작했다'라는 신호를 받습니다. 이 작은 성취 감이 온종일 이어지는 긍정적인 파동을 만듭니다.

② 마감 루틴 (퇴근 의식)

일을 마치고 집으로 돌아갈 때, 뇌에 '일이 끝났다'라는 확실한 신호를 주세요. 책상을 정리하거나, "오늘도 수고했어"라고 소리 내어 말하거나, 특정한 음악을 듣는 것입니다. 이 의식이 없으면 몸은 집에 있어도 뇌는 회사에 남아 계속 코르티솔을 분비합니다. 일과 휴식의 경계를 분명히 만들어주는 것이 핵심입니다.

③ 디지털 선셋 (수면 의식)

잠들기 1시간 전, 스마트폰을 끄거나 거실에 두는 '디지털 일몰'을 실천하세요. 대신 조명을 낮추고, 책을 읽거나 일기를 쓰세요. 매일 같은 시간에 뇌의 전원을 끄는 의식을 치르면, 뇌는 그 시간만 되면 조건반사적으로 수면 호르몬(멜라토닌)을 분비하며 꿀잠 잘 준비를 마칩니다.

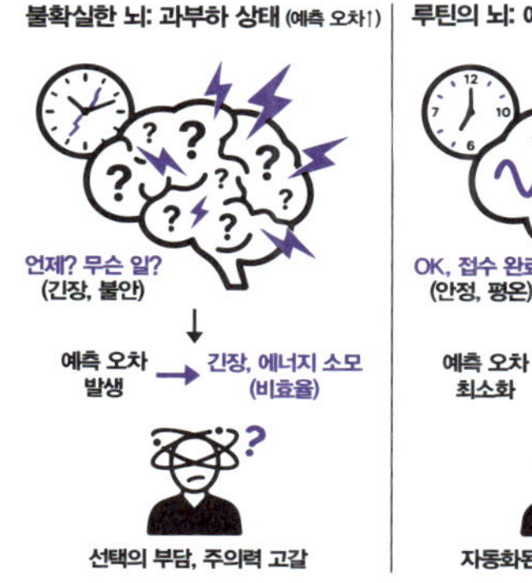

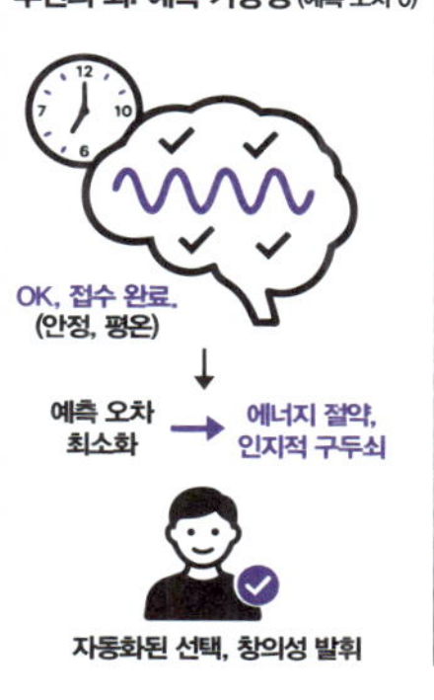

지금까지 우리는 호흡, 운동, 수면, 그리고 인지 훈련을 통해 '스스로' 자신을
치유하는 법을 배웠습니다. 하지만 마지막 퍼즐은 아직 맞춰지지 않았습니다.
인간의 뇌는 독방에서 혼자 명상만 한다고 해서 완벽하게 회복되지 않습니다.
왜냐하면 우리 뇌의 가장 깊은 본능은 '생존'이고, 인간에게 생존이란 곧
'타인과의 연결'이기 때문입니다.
4부에서는 나를 넘어 타인과 세상으로 연결될 때 비로소 완성되는 치유의 힘을
이야기하겠습니다.

PART 4

연결되고 확장되는 뇌
(나아가기: 관계)

사회적 뇌:
우리는 연결될 때 회복한다

"힘들면 혼자 있고 싶어요. 사람 만나는 게 더 스트레스거든요."

번아웃이 온 내담자들은 대개 관계에서 한발 물러나려고 합니다. 에너지가 고갈되었을 때, 잠시 혼자 있는 선택은 분명 도움이 됩니다. 문제는 그 고립이 길어질 때입니다. 일정 시간을 넘어서면, 뇌는 고립을 휴식이 아니라 '위험 신호'로 해석하기 시작합니다.

우리는 흔히 "인간은 사회적 동물이다"라는 말을 도덕 교과서 속 문장처럼 가볍게 넘기곤 합니다. 그러나 이 말은 놀라울 정도로 정확한 생물학적 사실입니다. 인간의 뇌는 애초에 혼자 버티도록 설계되지 않았으니까요.

그래서 교도소에서 가장 무거운 처벌은 매질이나 고문이 아니라 독방 감금입니다. 타인과의 접촉을 완전히 차단하는 것은, 인간의 뇌를 서서히 붕괴시키는 가장 강력한 고통이기 때문입니다. 지금부터는 왜 우리의 뇌가 타인과의 연결 없이는 회복될 수 없는지, 그 이유를 들여다볼게요.

뇌가 커진 진짜 이유: 던바의 수

로빈 던바**Robin Dunbar** 교수가 흥미로운 가설을 내놓았습니다. 영장류의 뇌 크기는 그들이 속한 집단의 크기와 비례한다는 거죠. 인간의 대뇌피질이 이토록 거대하게 진화한 이유도 여기 있습니다. 복잡한 인간관계 속에서 누가 내 편이고 누가 적인지 파악하는 '사회적 지능' 때문입니다.(Dunbar, 1998).

즉, 우리 뇌의 기본 운영체제는 '사회적 연결'입니다. 뇌는 24시간 내내 '나는 지금 무리에 잘 속해 있는가?'를 살핍니다. 원시 시대에 무리에서 떨어져 나온다는 것은 곧 '맹수의 밥이 된다(죽음)'라는 뜻이었기 때문입니다. 그래서 현대인인 우리도 카카오톡에서 읽음 표시인 '1'이 사라지지 않거나, 모임에서 소외감을 느낄 때 마치 심리적 위기를 마주한 듯 불안감에 휩싸이게 되는 것입니다.

외로움은 '마음의 감기'가 아니라 '뇌의 통증'이다

우리는 흔히 "마음이 아프다"라는 표현을 씁니다. 문학적인 비유 같죠? 하지만 UCLA의 매슈 리버먼**Matthew Lieberman** 교수는 이것이 비유가 아니라 '사실'임을 증명했습니다. 연구진은 참가자들에게 '사이버볼**Cyberball**'이라는 공놀이 게임을 시켰습니다. 처음에는 다른 사람들과 공을 주고받게 하다가, 어느 순간부터 참가자에게만 공을 주지 않고 따돌림을 시켰죠. 이

때 왕따를 당한 참가자의 뇌를 스캔했더니 놀라운 일이 벌어졌습니다.

뇌에서 '전대상회dACC'라는 부위가 벌겋게 활성화되었습니다. 이곳은 우리가 다리가 부러지거나 화상을 입었을 때, 즉 '신체적 고통'을 느낄 때 켜지는 부위입니다(Eisenberger et al., 2003).

뇌의 입장에서는 칼에 베인 아픔이나, 사람에게 무시당한 아픔이나 똑같은 '고통'입니다. '왕따는 영혼의 살인'이라는 말이 과학적으로 맞는 말이에요. 뇌는 사회적 연결이 끊어지는 것을 신체 훼손과 동급의 위급 상황으로 인식하는 거죠. 그러니 외로울 때 '내가 나약해서 그래'라고 자책하지 마세요. 당신은 지금 뼈가 부러진 것만큼이나 아픈 상태입니다.

행복은 '사람'에게서 온다

한국인의 행복을 오랫동안 연구해 온 연세대학교 심리학과 서은국 교수는 저서 『행복의 기원』에서 놀라운 결론을 냈습니다.

"행복은 거창한 관념이 아니라, 사람과 함께하는 구체적인 경험에서 발생한다."

연구 결과에 따르면, 외향적인 사람뿐 아니라 내향적인 사람조차도 혼자 있을 때보다 타인과 함께 있을 때 더 높은 행복감을 느꼈습니다(서은국, 21세기북스, 2014).

뇌는 성취나 소유보다, 긍정적인 사회적 상호작용에서 더 강력한 보상 신호를 만들어냅니다. 옥시토신과 도파민은 성공보다 관계에서 더 안정적으로 분비됩니다. 아무리 좋은 환경을 갖추어도, 그것을 함께 나눌 사람이 없다면 뇌의 보상 회로는 절반만 작동하는 셈이죠.

약한 연결의 힘

"그럼 꼭 절친한 친구가 많아야 하나요? 저는 친구가 별로 없는데요."

걱정하지 마세요. 사회학자 마크 그라노베터**Mark Granovetter**는 '약한 연결의 힘**The Strength of Weak Ties**'을 이야기했습니다. 꼭 가족이나 절친처럼 끈끈한 관계(강한 연결)만 우리를 구원하는 것이 아닙니다. 단골 카페에서 나누는 짧은 인사, 산책길에서 마주친 이웃과의 눈인사, 엘리베이터 안에서의 가벼운 목례. 이런 느슨한 연결은 사소해 보이지만, 뇌에는 분명한 신호를 보냅니다.

"나는 이 세상에 속해 있다."

시카고대학의 연구에 따르면, 출근길에 낯선 사람과 짧은 대화를 나눈 사람들은 혼자 이동한 사람들보다 더 긍정적인 정서를 경험했다고 합니다(Epley & Schroeder, 2014). 깊은 관계만이 회복을 만드는 것은 아닙니다. 연결의 감각 그 자체가 뇌를 안정시키기도 합니다.

우리는 연결될 때 회복합니다. 우울과 고립의 긴 터널을 빠져나오게 하는 빛은, 거창한 깨달음이 아니라 누군가가 건넨 따뜻한 말 한마디에서 시작합니다. 혹은 내가 누군가에게 건넨 사소한 친절일 수도 있습니다. 스마트폰 화면 속 '좋아요'보다, 눈앞에 있는 사람의 미소가 뇌를 훨씬 더 깊이 안정시킵니다.

오늘, 당신의 뇌를 치유해 줄 '한 사람'은 누구인가요?

"우리는 혼자일 때보다 함께일 때 더 똑똑하고, 더 강하고, 더 행복하다."

숀 아처Shawn Achor, 긍정심리학자

① '약한 연결' 만들기 (Small Talk)

거창한 관계가 부담스럽다면 '스몰 토크'부터 시작하세요. 편의점 아르바이트생에게 "수고하세요"라고 또렷하게 말하기, 택배 기사님께 "감사합니다" 문자 보내기. 이 5초의 상호작용이 뇌의 사회적 회로에 윤활유를 바릅니다.

② 함께 먹기 (Social Dining)

일주일에 한 번은 누군가와 식사를 하세요. 서은국 교수의 말처럼, 생존(음식)과 사람(연결)이 합쳐질 때 뇌는 최고의 행복을 느낍니다. 밥을 먹으며 나누는 대화는 소화도 돕고 스트레스도 낮춥니다. 혼자 먹어야 한다면, 화상 통화로라도 누군가와 연결되세요.

③ 취약성 드러내기 (Vulnerability)

우리는 남에게 폐를 끼치기 싫어서 도움을 요청하지 않습니다. 하지만 상대방에게 작은 도움을 요청하는 것은 그 사람에게 "당신을 신뢰합니다"라는 최고의 칭찬을 건네는 것입니다. "이것 좀 도와줄 수 있어?"라는 말은 관계의 문을 여는 마법의 열쇠입니다. 당신의 취약함을 드러낼 때, 진정한 연결이 시작됩니다.

안전 기지 만들기:
애착과 신뢰의 뇌과학

놀이터에서 노는 아이들을 보면 눈에 띄는 장면이 종종 발견됩니다. 신나게 뛰어가던 아이가 문득 뒤를 돌아 엄마를 확인합니다. 눈이 마주치고 엄마가 웃어주면, 아이는 안심하고 다시 세상으로 나아갑니다. 하지만 엄마가 보이지 않는 순간, 아이의 몸은 얼어붙죠. 탐험은 중단되고, 세상은 갑자기 위협적인 공간으로 바뀝니다.

우리는 어른이 되면 이런 '확인'이 필요 없을 거라고 생각합니다. 혼자서도 씩씩하게 세상을 헤쳐나가는 게 독립적인 성인이라고 믿으니까요. 그러나 뇌과학은 정반대의 이야기를 합니다.

"인간은 의존할 곳이 확실할 때, 비로소 가장 독립적이 된다."

이것을 '안전 기지Secure Base'라고 합니다. 거친 바다로 나가는 배에 돌아올 항구가 필요하듯, 매일 스트레스 속으로 나아가는 우리의 뇌에도 돌아와 쉴 수 있는 장소가 필요합니다. 그곳이 '안전 기지'입니다. 이번 시간은 당신의 뇌를 지키는 가장 강력한 방공호, '신뢰'와 '애착'의 과학에 대해 안내하겠습니다.

안전지대와 안전 기지의 결정적 차이

앞서 18장에서 우리는 뇌를 늙게 만드는 '안전지대'를 과감히 벗어나야 한다고 강조했습니다. 그렇다면 여기서 한 가지 의문이 생깁니다. 익숙하고 안전한 곳을 벗어나 위험을 감수하라더니, 왜 이번에는 다시 '안전 기지'가 필요하다고 하는 걸까요?

두 가지는 완전히 다른 개념입니다. 안전지대가 '익숙한 습관과 환경'이라면, 안전 기지는 언제든 돌아갈 수 있는 '인간관계'를 말하는 거죠. 우리는 든든한 안전 기지(관계)가 등 뒤에 버티고 있을 때만, 비로소 두려움 없이 안전지대(환경)를 벗어나 새로운 도전을 향해 나아갈 수 있습니다.

의존의 역설: 기댈 곳이 있어야 멀리 간다

애착 이론의 창시자 존 볼비Edward John Mostyn Bowlby는 '곤경에 처했을 때 도와줄 사람이 없다'라고 느끼면, 뇌는 항상 경계 태세를 유지한다고 했습니다. 그 상태에서는 새로운 시도를 하거나 창의적인 생각을 할 여유가 사라집니다.

반면, '내가 넘어져도 나를 받아줄 사람이 있다'라는 믿음이 있으면 뇌는 보초를 세우는 에너지를 아껴서 도전과 성장에 투자합니다. 이를 '의존의 역설Dependency Paradox'이라고 합니다.

믿을 수 있는 배우자, 친구, 멘토가 있는 사람은 실패를 두려워하지 않습니다. 망해도 돌아갈 곳이 있기 때문이죠. 반대로 안전 기지가 없는 사람은 작은 실수에도 뇌가 "이제 끝이야!"라고 비명을 지릅니다. 한국 사회가 유독 실패에 가혹하고 불안도가 높은 이유는, 우리가 서로에게 안전 기지가 되어 주기보다 서로를 평가하는 심판관이 되어 버렸기 때문일 수도 있습니다.

신경계의 와이파이: 다미주신경 이론

그렇다면 안전 기지는 뇌에 구체적으로 어떤 영향을 미칠까요? 여기서 등장하는 것이 스티븐 포지스Stephen Porges 박사의 '다미주신경 이론Polyvagal Theory'입니다(Porges, 2011).

7장에서 우리는 미주신경이 부교감신경(브레이크) 역할을 한다고 배웠었죠? 그런데 포지스 박사는 미주신경이 하나가 아니라 두 가지 경로로 나뉜다는 사실을 발견했습니다.

1. 극도의 위협 상황에서 몸을 얼어붙게 만드는 원시적인 경로

2. 안전한 사람의 표정과 목소리에 반응하는 사회적 경로

우리가 누군가를 신뢰할 때, 뇌는 단순히 '저 사람은 좋은 사람이야'라고 생각만 하는 게 아닙니다. 상대방의 온화한 표정과 부드러운 목소리가 나의 '사회적 미주신경'을 물리적으로 자극해서, 전투 모드(교감신경)를 끄고 평온 모드(복측 미주신경)를 켜줍니다.

안정된 사람 곁에 있으면, 불안한 사람의 신경계도 서서히 진정됩니다. 이를 '공동 조절Co-regulation'이라고 합니다. 엄마가 우는 아기를 안아주면 아기의 심박수가 엄마의 심박수와 동기화되며 안정되는 게 대표적인 예죠. 어른이 된 우리도 마찬가지예요. 백 마디 위로의 말보다, 내 이야기를 들어주는 친구의 차분한 눈빛 하나가 요동치는 내 뇌를 더 빠르게 진정시킵니다.

심리적 안전감: 구글이 발견한 최고의 성과 비밀

이 원리는 가정뿐만 아니라 직장에서도 똑같이 적용됩니다. 구글은 2년간 '아리스토텔레스 프로젝트'를 통해 최고의 성과를 내는 팀의 비밀을 추적했습니다. 그들이 발견한 단 하나의 공통점은 '뛰어난 지능'도, '카리스마 있는 리더'도 아닌, '심리적 안전감Psychological Safety'입니다.

"이 팀에서는 내가 멍청해 보이는 질문을 하거나 실수를 해도 비난받지 않을 것이다"라는 믿음이 있을 때, 구성원들의 뇌는 방어 기제를 해제

하고 창의성을 폭발시킵니다(Edmondson, 1999).

반면 '실수하면 끝장이다'라는 공포가 지배하는 조직에서는 뇌의 편도체가 활성화되어 사고의 폭이 좁아집니다. 한국의 많은 조직이 '혁신'을 외치지만 잘 안되는 이유는, 구성원들의 뇌가 혁신을 고민하는 대신 '상사에게 안 깨지는 법'을 고민하는 데 에너지를 다 쓰고 있기 때문입니다.

당신은 누군가의 안전 기지인가요?

국민 육아 멘토 오은영 박사는 저서 『오은영의 화해』에서 "부모의 역할은 '감정의 쓰레기통이 아니라 감정의 컨테이너'가 되어 주는 것"이라고 합니다(오은영, 코리아닷컴, 2019). 아이가 부정적인 감정을 쏟아낼 때, 그것을 안전하게 담아주고 견뎌주는 존재가 되어야 한다는 뜻이죠.

이것은 성인 관계에서도 유효합니다. 누군가 나에게 힘든 이야기를 할 때, 가장 훌륭한 반응은 "야, 그건 네가 잘못했네(평가)"나 "이렇게 해봐(조언)"가 아닙니다. 그저 "그랬구나, 정말 힘들었겠다(수용)"라고 반응해 주는 것입니다.

이 수용의 태도가 상대방의 뇌에 "여기는 안전해, 더 이상 싸우지 않아도 돼"라는 신호를 줍니다. 그때 비로소 상대방의 뇌는 긴장을 풀고 스스로 문제를 해결할 힘을 회복합니다.

안전 기지는 거창한 것이 아닙니다. 퇴근한 배우자에게 건네는 따뜻한 눈 맞춤, 힘들어하는 후배에게 사주는 커피 한 잔, 친구의 하소연을 끊지

않고 들어주는 10분. 이 사소한 순간들이 모여 우리는 서로의 뇌를 지켜
주는 단단한 기지가 되는 거죠.

"우리는 상처 입기 위해 사랑하는 것이 아니라, 상처를 치유하기 위해
사랑한다."

헨리 나우웬Henri Nouwen, 작가

① '그랬구나' 화법 (미러링)

상대방이 감정을 표현할 때, 내 의견을 섞지 말고 거울처럼 반사해 주세요.

– 상대: "나 오늘 팀장님 때문에 너무 화가 났어."

　나 (X): "네가 참아, 원래 그렇잖아." (판단)

　나 (O): "아, 오늘 팀장님 때문에 진짜 화가 났구나." (미러링)

이 단순한 반응만으로도 상대방의 뇌는 연결감을 느끼고, 신경계는 안정되기 시작합니다.

② 나만의 '안전 지대' 만들기 (물리적 공간)

힘든 순간에는 나만의 공간이 있어야 합니다. 집 안의 작은 코너, 단골 카페의 구석 자리, 혹은 차 안. '그곳에 가면 아무도 나를 방해하지 않고 공격하지 않는다'라고 생각되는 '나만의 성소Sanctuary'를 정하세요. 그 공간에 들어가는 행위 자체가 뇌의 경계 태세를 해제하는 스위치가 됩니다.

③ 10초간의 눈 맞춤과 미소

가족이나 동료와 대화할 때, 스마트폰을 내려놓고 딱 10초만 눈을 맞추며 부드럽게 미소 지으세요. 포유류의 신경계는 '부드러운 눈빛'을 가장 강력한 안전 신호로 인식합니다. 말하지 않아도 전해지는 이 신호가 상대방과 나, 양쪽의 뇌에서 옥시토신을 분비시킵니다.

치유의 접촉:
옥시토신과 스킨십

"엄마 손은 약손, 아기 배는 똥배."

어릴 적 배가 아플 때, 어머니가 따뜻한 손으로 배를 문질러 주시던 기억이 있나요? 신기하게도 그 손길만으로도 통증이 한결 가라앉곤 했죠. 우리는 흔히 이것을 '플라시보 효과'라고 하는데요. 하지만 실제 통증 억제 회로가 작동한 결과입니다.

현대인은 인류 역사상 가장 '접촉이 부족한 세대'라고 해요. 우리는 하루에도 수백 번 스마트폰 화면을 터치하죠. 하지만 정작 사랑하는 사람의 손을 잡는 횟수는 그에 비해 많지 않습니다. 코로나19 팬데믹을 거치며 우리는 '언택트'를 미덕으로 여겼지만, 그 사이 우리의 뇌는 '피부 굶주림 Skin Hunger'이라는 새로운 병을 앓게 되었습니다.

오늘은 뇌가 세상과 소통하는 제1의 언어, '스킨십'이 가진 놀라운 치유력에 관해 이야기하겠습니다.

뇌로 가는 직통 라인: C-촉각 신경섬유

피부는 단순한 보호막이 아닙니다. 발달 과정과 기능 면에서 뇌와 깊게 연결된 감각 기관이에요. 피부와 뇌는 태아 시절 '외배엽'이라는 같은 세포에서 갈라졌거든요.

우리의 피부밑에는 아주 특별한 신경망이 깔려 있는데 'C-촉각 신경섬유C-tactile afferents'입니다. 이 신경은 아주 까다로운 조건에만 반응해요. 꼬집거나 때리는 자극에는 꿈쩍도 하지 않습니다. 오직 '초속 3~5cm의 속도로 부드럽게 쓰다듬을 때'만 반응합니다. 사랑하는 사람을 어루만질 때의 딱 그 속도입니다.

이 신경이 신호를 보내는 목적지가 독특합니다. 일반적인 감각 신경은 뇌의 '감각 피질'로 가서 '이건 거칠다, 저건 차갑다'라는 정보를 분석합니다. 하지만 C-촉각 신경섬유는 이성적인 뇌를 건너뛰고, 감정을 담당하는 '섬엽Insula'으로 이어집니다(Olausson et al., 2002).

누군가 내 등을 부드럽게 쓸어내릴 때, 뇌가 생각하기도 전에 '아, 안전하다, 편안하다'라는 감정을 먼저 느끼는 이유가 이겁니다. 누군가의 따뜻한 손길은 뇌의 과도한 경계 반응을 빠르게 가라앉힙니다.

한국의 '약손' 문화가 과학적인 이유도 여기에 있습니다. 엄마의 손길이 아이의 C-촉각 신경섬유를 자극하여 뇌의 섬엽을 진정시키고, 천연 진통제를 원활히 분비하게 만든 것입니다.

두려움을 나누는 손잡기의 힘

스킨십의 진가는 위기 상황에서 더 선명하게 드러납니다. 버지니아대학의 제임스 코언**James Coan** 교수는 '손잡기'가 뇌에 미치는 영향을 실험했습니다. 실험 참가자인 기혼 여성들을 MRI 기계에 눕히고, 발목에 전기 충격을 가하겠다고 위협했죠. 그러자 참가자들의 뇌에서는 시상하부와 편도체가 새빨갛게 활성화되며 공포 반응을 보였습니다.

연구진은 참가자들이 혼자 있을 때, 낯선 사람과 손을 잡을 때, 그리고 배우자와 손을 잡을 때를 각각 비교했습니다. 결과는 충격적이었습니다. 낯선 사람이 손을 잡았을 때도 공포 반응이 줄어들었지만, 남편이 손을 잡아주었을 때는 뇌의 공포 반응이 거의 사라졌습니다.

코언 교수는 이를 '부하 공유**Load Sharing**'라고 합니다. 뇌는 혼자일 때 위협을 온전히 홀로 감당해야 하므로 에너지를 풀가동합니다. 하지만 신뢰하는 사람이 손을 잡아주면, 뇌는 '아, 내 짐을 나눠 질 파트너가 있구나'라고 인식하고 방어 태세를 내려놓죠(Coan et al., 2006).

힘든 일이 있을 때, 백 마디 조언보다 그저 옆에 앉아 손을 꼭 잡아주는 것이 훨씬 강력한 위로가 되는 이유입니다. 맞잡은 두 손을 통해 뇌는 서로의 신경계를 연결하고, 두려움의 무게를 절반으로 나눕니다.

옥시토신: 뇌가 만드는 천연 연고

우리가 포옹하거나 스킨십을 할 때, 뇌하수체에서는 '옥시토신'을 분비합니다. 10장에서도 언급했듯 옥시토신은 코르티솔 분비를 낮추고 스트레스 반응을 완화합니다.

스킨십은 면역력도 높여줍니다. 카네기 멜런 대학의 셸던 코언**Sheldon Cohen** 교수팀은 400명의 성인을 감기 바이러스에 노출시키는 실험을 했는데요. 결과가 인상적이었습니다. 평소 포옹을 자주 하고 사회적 지지를 많이 받은 사람들은 감기에 걸릴 확률이 32%나 낮았습니다. 걸리더라도 증상이 가벼웠지요(Cohen et al., 2015).

한국의 EBS 다큐프라임 〈피부의 반란〉 팀 역시 미숙아들에게 하루 세 번, 15분씩 마사지를 해주는 실험을 진행했는데요. 마사지를 받은 아기들은 그렇지 않은 아기들보다 체중이 47%나 더 빨리 늘었고, 뇌 발달 속도도 빨랐습니다. 접촉은 생존을 위한 필수 영양소인 셈입니다.

터치리스**Touch-less** 시대의 생존법

혼자 사는 1인 가구가 급증하는 한국 사회에서, 매일 누군가와 포옹하기란 쉽지 않습니다. 그렇다고 피부 굶주림을 방치해야 할까요? 다행히 뇌는 '자기 접촉'에도 반응합니다.

자신의 팔을 부드럽게 문지르거나, 따뜻한 물로 샤워하며 몸을 씻는 행위, 혹은 반려동물을 쓰다듬는 행위도 C-촉각 신경섬유를 자극하여 옥시토신을 분비시킵니다.

촉각은 우리가 태어나서 가장 먼저 배우는 언어이자, 죽는 순간까지 잃지 않는 마지막 감각입니다. 말이 통하지 않아도 온기는 통합니다. 말이 필요 없을 때도 있습니다. 짧은 포옹 하나가 하루 동안 쌓인 긴장을 풀어주는 경우도 많으니까요. 그 20초의 포옹이 상대방의 뇌 속에 쌓인 하루치 스트레스를 씻어내는 가장 확실한 치유가 될 거예요.

"우리는 사랑하기 위해 태어난 것이 아니라, 사랑받는 느낌을 알기 위해 태어났다. 그 느낌은 피부를 통해 온다."

애슐리 몬터규Ashley Montagu, 인류학자

① 20초 포옹의 기적

가벼운 포옹^{Hugging}이 아니라 깊은 포옹을 하세요. 옥시토신이 충분히 분비되기까지 최소 '20초'가 필요하다고 말합니다. 출근 전이나 퇴근 후, 가족이나 연인을 안고 마음속으로 20을 세어보세요. 처음엔 어색해도 10초가 지나면 몸의 긴장이 탁 풀리며 서로의 심장 박동이 맞춰지는 '공명'을 느끼게 됩니다.

② 나를 안아주는 '나비 포옹법^{Butterfly Hug}'

트라우마 치료에서 실제로 사용하는 기법으로, 혼자서 급격한 스트레스를 진정시킬 때 탁월합니다.

두 팔을 교차해 양쪽 어깨나 팔뚝을 감쌉니다(자신을 안아주는 모양).

나비가 날갯짓하듯, 양손으로 번갈아 가며 어깨를 '토닥, 토닥' 두드립니다.

눈을 감고 '괜찮아, 고생했어'라고 속삭이며 1~2분간 반복합니다.

좌우 뇌를 번갈아 자극(양측성 자극)하여 감정 처리 속도를 높이고 즉각적인 안정감을 줍니다.

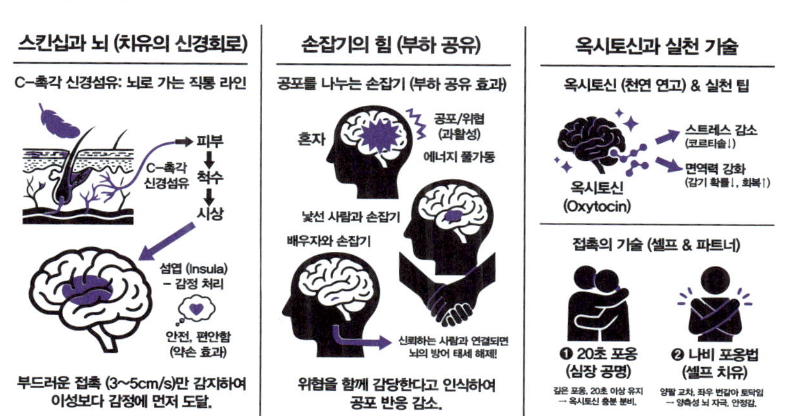

말로 뇌를 조각하다: 언어와 감정 조절

우리는 어릴 때부터 말의 힘에 대해 많이 들어왔습니다.

"말 한마디로 천 냥 빚을 갚는다"라는 속담이 괜히 나온 말은 아니니까요.

우리는 말의 중요성에 대해 귀에 딱지가 앉도록 듣지만, 정작 감정이 극에 달했을 때 우리가 실제로 내뱉는 말은 종종 의도와 다르게 튀어나옵니다. 비수처럼 날카로운 말이 상대방의 마음을 찌르기도 하고, 때로는 자기 자신을 향해 "난 구제불능이야"라는 저주를 퍼붓습니다.

언어는 단순히 의사를 전달하는 도구가 아닙니다. 언어는 감정회로의 활성 정도를 바꾸고, 뇌의 반응 강도를 조절하는 역할을 합니다. 말은 입에서 나오지만, 그 말이 도착하는 곳은 상대방과 내 뇌의 깊은 곳이기 때문입니다. 우리가 사용하는 단어는 감정의 흐름과 뇌의 반응을 실제로 바꿉니다. 어떻게 그게 가능한지 살펴볼게요.

감정에 이름을 붙일 때 일어나는 변화

화가 나거나 슬플 때, 우리는 흔히 술을 마시거나 딴청을 피우며 감정을 억누르려 합니다. 특히 한국 사회는 감정을 드러내지 않는 것을 미덕으로 여기는 '참는 문화'가 강합니다. 하지만 감정은 억누를수록 뇌 안에서 더 크게 증폭합니다.

이때 폭주하는 편도체(감정 뇌)를 진정시키는 가장 확실한 방법은, 역설적이게도 '그 감정을 말로 표현해 드러내는 것'입니다.

UCLA의 매슈 리버먼 교수는 '감정 명명'이 뇌 반응에 미치는 영향을 실험했는데요. 참가자들에게 무서운 표정의 사진을 보여주면 편도체가 활성화됩니다. 그런데 그 사진 아래에 '두려움' '화남' 같은 감정 단어를 붙이게 했더니, 순식간에 편도체의 활동이 줄어들고, 이성의 뇌인 '복외측 전전두엽VLPFC'이 활성화됩니다(Lieberman et al., 2007).

이것을 '정서 명명하기Affect Labeling'라고 해요. 모호했던 감정에 구체적인 '이름표'를 붙이는 순간, 뇌는 이것을 '압도적인 공포'가 아니라 '처리 가능한 정보'로 재분류합니다. 감정을 단순히 "짜증 난다"라고 표현하면, 뇌는 여전히 모호한 위협 상태로 남아 있습니다.

"나는 지금 상사의 말 때문에 '모멸감'을 느꼈고, 내 노력이 무시당해서 '서운함'을 느끼고 있어."

이렇게 감정을 해상도 높게 분해해서 말하는 순간, 날뛰던 감정은 이성의 통제 속에 들어옵니다. 정신과 의사 대니얼 시겔^{Daniel J. Siegel}의 말처럼 말입니다.

"이름을 붙이면 길들일 수 있습니다(Name it to Tame it)."

뇌와 뇌의 무선 접속: 신경 결합

우리는 대화가 잘 맞을 때 흔히 "호흡이 맞는다"라고 표현하는데요. 프린스턴대학의 우리 하손^{Uri Hasson} 교수는 이것이 단순한 느낌이 아니라, 실제 뇌파의 동기화 현상임을 밝혀냈습니다. 연구진이 이야기하는 사람(화자)과 듣는 사람(청자)의 뇌를 스캔해 보니, 두 사람의 뇌 활성화 패턴이 거울을 본 듯 똑같이 움직였는데요. 이것이 '신경 결합^{Neural Coupling}'이에요 (Stephens et al., 2010).

특이한 것은 공감이 깊은 경우에는 듣는 사람의 뇌가 말하는 사람의 뇌보다 0.5초 정도 앞서서 반응하기도 했다는 점입니다. 이는 상대의 감정을 완벽하게 예측하고 함께 느낀다는 뜻입니다.

국민 아나운서 이금희 작가는 저서 『우리 편하게 말해요』에서 "말하기의 본질은 테크닉이 아니라 '당신이 중요합니다'라는 태도"라고 했습니다(이금희, 웅진지식하우스, 2022). 우리가 누군가의 말에 진심으로 귀 기울일 때, 두 사람의 뇌는 보이지 않는 선으로 연결되어 서로의 감정을 조율하고 치유합니다. 대화는 두 개의 뇌가 만나 추는 춤인 셈입니다.

언어가 스트레스 반응에 미치는 영향

우리가 사용하는 단어는 뇌의 호르몬 분비에도 직접적인 영향을 줍니다. "사랑해" "고마워" "해낼 수 있어" 같은 긍정적인 단어를 말하거나 들으면, 뇌의 전두엽 기능이 향상되고 동기부여 호르몬이 분비됩니다.

반대로 "망했어" "짜증 나" "죽겠네" 같은 부정적인 단어는 스트레스 호르몬인 코르티솔 수치를 즉각적으로 높입니다. 의학박사인 앤드루 뉴버그Andrew Newberg는 "부정적인 단어는 뇌의 공포 센터를 자극해 사고 능력을 마비시킨다"라고 했습니다.

한국의 대화 전문가 박재연 소장(리플러스 인간연구소)은 저서『말이 통해야 일이 통한다』에서 '연결의 대화'를 이야기합니다. 비난하는 말(너는 왜 그래?) 대신, 나의 욕구와 감정을 표현하는 말(나는 네가 ~해주면 안심이 될 것 같아)을 쓸 때, 상대방 뇌의 방어기제가 해제되고 협력이 일어납니다(박재연, 비전과리더십, 2016).

언어는 반복될수록 뇌에 하나의 습관적 반응 경로를 만듭니다. 그리고 그 씨앗은 가장 먼저 '나의 뇌'라는 밭에 떨어집니다. 내가 무심코 뱉은 부정적인 말의 첫 번째 청중은 나 자신입니다. 나의 뇌를 보호하기 위해서라도, 우리는 언어라는 칼을 조심스럽게 다루어야 합니다.

침묵도 언어다

　때로는 백 마디 말보다 '침묵'이 더 강력한 뇌의 언어가 됩니다. 상대가 힘들어할 때, 섣부른 조언이나 위로는 오히려 상대방 뇌의 반발심을 부르기 때문이죠. 그저 옆에 앉아서 고개를 끄덕여 주는 침묵, "내가 여기 있어"라는 눈빛. 이처럼 24장에서 배운 '안전 기지'로서의 침묵은 상대방의 거울뉴런을 통해 깊은 안정감을 전달합니다. 말로 상처 줄까 두렵다면, 차라리 따뜻한 침묵을 선물해 보세요.

　언어는 생각을 전달하는 수단이 아니라, 뇌의 반응을 형성하는 자극입니다. 우리가 어떤 단어를 선택하느냐에 따라 감정의 방향이 달라지고, 관계의 온도도 결정됩니다. 말은 상대의 뇌에 닿기 전에 먼저 나 자신의 뇌를 통과합니다. 그렇기에 언어를 다룬다는 것은, 감정을 다루고 뇌를 돌보는 일입니다.

　"말은 마음의 소리다. 그 소리가 맑아야 삶의 여운도 맑다."

다산 정약용丁若鏞, 조선의 학자

◆ 실천 팁: 뇌를 살리는 3가지 언어 습관

① 감정의 해상도 높이기 (Affect Labeling)

"기분 나빠"라는 말 대신, 감정 단어 목록을 보고 정확한 단어를 찾아보세요.

억울함, 서운함, 막막함, 불안함, 민망함, 홀가분함….

정확한 단어를 찾아 입 밖으로 내뱉는 순간, 뇌의 편도체는 "아, 주인이 상황을 파악했구나"라며 경보를 끕니다.

② '나' 전달법 (I-Message)

상대를 주어로 말하면 공격이 되지만, '나'를 주어로 말하면 고백이 됩니다.

– (X) "너는 왜 맨날 연락이 안 돼?" (상대의 뇌: 공격받았다, 방어해!)

– (O) "나는 너하고 연락이 안 되면 걱정이 돼서 불안해." (상대의 뇌: 아, 이 사람이 힘들구나, 돕고 싶다)

주어를 '나'로 바꾸는 것만으로도 뇌와 뇌 사이의 장벽이 무너집니다.

③ 긍정적인 '접속사' 쓰기 (Yes, And)

대화할 때 "하지만(But)"을 "그리고(And)"로 바꿔보세요.

"네 말도 맞아. 하지만…" (부정)

→ "네 말도 일리가 있어. 그리고 내 생각은…" (수용+확장)

뇌는 자신의 의견이 수용되었다고 느낄 때 도파민을 분비하며 마음을 엽니다.

'그리고'는 대화를 이어주는 마법의 접속사입니다.

26장

가족과 뇌: 가장 가까운 타인 이해하기

밖에서는 "온화하다"라는 말을 듣지만, 집에만 오면 감정이 쉽게 폭발한다고 말하는 사람들이 많은데요. 유독 부모님의 작은 한숨이나 표정 변화에도 과도한 반응이 올라온다고 호소합니다.

참 이상한 일입니다. 우리는 직장 동료의 실수에는 비교적 관대하게 반응합니다. 반면 배우자의 사소한 생활 습관에는 감정이 크게 흔들립니다. 친구의 고민은 오래 들어줄 수 있지만, 부모의 반복되는 하소연에는 쉽게 피로를 느낍니다.

친밀한 관계일수록 감정 조절이 어려워지고, 그로 인해 상처가 반복되는 경우가 많습니다. 도대체 왜 가족은 이토록 대하기가 어려운 걸까요? 이 현상은 사랑이 부족해서가 아닙니다. 가족을 처리하는 뇌의 방식이 빚어낸 문제입니다. 지금부터 그 구조를 들여다볼게요.

뇌는 가족을 '타인'으로 인식하지 않는다

우리의 대뇌에는 '내측 전전두엽'이라는 부위가 있습니다. 이곳은 '나 자신'에 대해 생각할 때 반짝반짝 활성화되는 영역입니다. 반면 타인을 생각할 때는 이 부위가 잠잠하고 다른 영역이 켜집니다. 그런데 베이징대학의 주잉Ying Zhu 교수팀이 서양인과 동양인의 뇌를 비교한 인상적인 연구가 있습니다. 서양인의 뇌는 '나'와 '어머니'를 생각할 때 각기 다른 뇌 부위를 씁니다. 철저히 분리되어 있는 거죠.

하지만 한국인을 포함한 동양인의 뇌는 달랐습니다. '나'를 생각할 때와 '어머니'를 생각할 때, 내측 전전두엽 영역이 거의 비슷한 수준으로 활성화됩니다(Zhu et al., 2007). 이 결과는 문화에 따라 자기 인식의 신경 기제가 다를 수 있다는 걸 보여줍니다. 한국인의 뇌는 무의식중에 '가족을 나 자신의 연장선'으로 인식합니다. 내 팔다리가 내 마음대로 움직여야 하듯, 가족도 그래야 한다고 느끼죠.

"말 안 해도 내 맘 알잖아?"

위험한 기대가 여기서 나옵니다. 우리는 남에게는 텔레파시를 기대하지 않습니다. 차근차근 설명합니다. 하지만 가족에게는 설명을 생략합니다. 그리고 내 맘을 몰라주면 "어떻게 가족이 그럴 수 있어?"라며 분노합니다. 이것은 뇌가 가족과 나 사이의 경계를 제대로 긋지 못한 데서 생기는 착각이에요. 가족은 '나 자신'이 아닙니다. 유전자를 나눴어도 엄연히 다른 뇌를 가진 '타인'이라는 사실을 잊지 마세요.

가까운 사이일수록 감정은 옮는다

가족은 닫힌 생태계와 같습니다. 좁은 공간에서 오랜 시간 함께하기에, 서로의 감정에 무방비로 노출될 수밖에 없습니다. 22장에서 언급한 '거울뉴런'은 가족 사이에서 가장 강력하게 작동하기 때문이에요.

아빠가 밖에서 스트레스를 받고 잔뜩 찌푸린 얼굴로 집에 들어왔다고 해볼까요? 아빠가 아무 말을 안 해도, 현관문을 여는 순간 집안의 공기가 순식간에 바뀝니다. 거실에 있던 아이와 배우자의 뇌는 아빠의 찌푸린 미간, 거친 숨소리를 0.1초 만에 스캔합니다. 그리고, 자신의 편도체에도 똑같이 비상벨을 울립니다. 이걸 '감정 전염Emotional Contagion'이라고 합니다.

일리노이대학의 연구에 따르면, 부모의 직장 스트레스는 자녀의 코르티솔 수치가 직접 올라간다는 게 확인됐습니다(Larson & Almeida, 1999). 나의 부정적 감정은 내 의도와 상관없이 가족들의 뇌에 그대로 전달됩니다. 가족에게 짜증을 내는 건, 내 감정의 쓰레기봉투를 가장 소중한 사람들의 거실 한복판에 던져놓는 것과 같습니다.

건강한 거리 두기: 따로 또 같이

그렇다면 어떻게 해야 이 엉킨 실타래를 풀 수 있을까요? 해법은 역설적이게도 '거리 두기'입니다. 정신분석 전문의 김혜남 선생님은 『당신과 나 사이』에서 "가족이라도 적당한 거리가 필요하다"라고 했습니다. 난로가 너무 가까우면 데이고, 너무 멀면 춥잖아요. 사람 사이도 마찬가지입니다. 서로의 온기는 느끼되, 데이지 않을 만큼의 거리가 필요합니다(김혜남, 메이븐, 2018).

이 거리는 '전전두엽의 개입 공간'을 확보하는 것입니다. 감정(변연계)이 곧바로 튀어 나가지 않도록, '저 사람은 나와 다른 생각을 하는 독립된 인격체다'라고 판단할 수 있는 심리적 여유 공간이 있어야 합니다.

이것은 정 없게 선을 긋는 것이 아닙니다. 오히려 상대를 있는 그대로 존중하기 위한 필수 조건입니다. '엄마는 엄마 인생, 나는 내 인생'이라는 경계가 명확할 때, 우리는 서로에게 기대는 것이 아니라 서로를 마주 볼 수 있습니다.

가족은 '손님'처럼 대하라

가족 관계에서 감정 충돌을 줄이는 아주 좋은 방법 하나는, 일상적 상호작용의 기준을 살짝 조정하는 겁니다. 집에 귀한 손님이 오면 우리는 어떻게 하나요? 양말을 아무 데나 벗지 않고, 물 한 잔을 줄 때도 정중하게 건네고, 말이 조금 안 통해도 웃으며 넘깁니다. 뇌가 '손님'이라는 프레임을 씌우면 전전두엽이 예의와 조절 기능을 풀가동하기 때문입니다.

가족을 대할 때 사용하는 말투와 태도를 의식적으로 점검해 보는 시도는 관계 인식을 바꾸는 데 큰 도움이 됩니다. "밥 줘" 대신 "식사하셨어요?"가 나오고, "방 좀 치워" 대신 "이것 좀 도와줄 수 있을까요?"가 나옵니다. 그 작은 존중의 언어가 뇌의 공격성을 잠재우고 옥시토신을 흐르게 합니다.

가족 관계에서도 소유나 통제의 관점은 갈등을 키울 뿐입니다. 가족은 신이 나에게 잠시 맡긴, 내 인생에서 만날 수 있는 가장 귀한 손님이라고 생각해 보세요.

"가족이란, 우리가 밖에서 입은 상처를 보여줘도 덧나지 않게 붕대를 감아주는 유일한 타인이어야 한다."

살바도르 미누친Salvador Minuchin, 가족 치료사

◆ 실천 팁: '가족'이라는 뇌를 이해하는 3가지 기술

① '그' 화법 사용하기 (3인칭 객관화)

가족 때문에 화가 날 때, 주어를 '나'나 '너'가 아니라 제삼자처럼 바꿔 생각해 보세요.

– "엄마가 또 잔소리하네." (x) → "저 여사님이 자식 걱정이 많으시네." (O)

– "남편이 또 안 씻고 자네." (x) → "저 아저씨가 오늘 많이 피곤한가 보다." (O)

대상을 객관화하면(타인처럼 인식하면), 내측 전전두엽의 과도한 몰입이 끊어지고 감정의 온도가 내려갑니다.

② 퇴근 후 10분 '감정 샤워'

집에 들어가기 전, 밖에서 묻은 스트레스를 털어내는 의식을 치르세요. 차 안에서 좋아하는 음악을 한 곡 듣거나, 현관문 앞에서 심호흡을 세 번 하고 들어갑니다.

"지금부터 나는 과장이 아니라 아빠다."

이 짧은 전환의 시간이 감정 전염을 막는 방역망이 됩니다.

③ '요청'과 '거절'의 규칙 정하기

가족 간에도 명확한 룰이 필요합니다.

– 요청: "알아서 해줘"가 아니라 구체적으로 말하기("설거지 좀 해줘." vs "저녁 먹고 10분 안에 식기세척기만 돌려줘.").

– 거절: 거절을 할 때는 양해의 뜻을 전하기("미안한데 지금은 내가 너무 피곤해서 못 하겠어. 1시간 뒤에 할게.").

거절이 안전하게 받아들여질 때, 뇌는 그 관계를 진정한 '안전 기지'로 인식합니다.

27장 자아정체성과 뇌: 나답게 사는 법

상담 현장에서 참 자주, 그리고 반복적으로 등장하는 고민이 있습니다. 사회적 역할에 따라 모습이 자꾸 달라지니까, 도대체 진정한 내 모습이 뭔지 모르겠다는 혼란스러움입니다. 명함에 적힌 직함으로는 나를 설명할 수 있는데, 그 명함을 떼고 나면 말문이 턱 막히는 경우가 많습니다.

남들이 좋다는 대학, 남들이 부러워하는 직장을 쫓아 숨 가쁘게 달려왔는데, 막상 그 자리에 서니 공허함이 밀려옵니다. 이 공허함은 배부른 투정이 아닙니다. 전전두엽이 보내는 중요한 신호입니다. 자신의 선택과 가치 판단이 외부 기준에 의해 과도하게 휘둘리고 있다는 경고음입니다.

타인의 시선과 사회적 기준이 내 뇌의 주인 행세를 할 때, 우리는 길을 잃습니다. 자아 정체성이 흔들릴 때 뇌에서 무슨 일이 일어나는지, 그리고 어떻게 다시 나를 찾을 수 있는지 이야기할게요.

뇌 속의 자서전 작가: 내측 전전두엽

우리 뇌의 한가운데, 미간 안쪽 깊숙한 곳에는 '내측 전전두엽'이라는 부위가 있습니다. 이 부위가 개인의 경험을 하나로 엮어 '나'라는 개념을 만들어냅니다. 우리가 밥을 먹거나 길을 걸을 때 잠잠하던 이 부위는, "나는 어떤 사람이지?" "나는 무엇을 좋아하지?"와 같은 질문을 던질 때 갑자기 바쁘게 움직이기 시작합니다. 나의 과거 기억, 현재의 상태, 미래의 꿈을 통합해서 '자아Self'라는 일관된 이야기를 써 내려갑니다.

문제는 이 '내측 전전두엽'이라는 작가가 외부의 간섭에 매우 취약하다는 점입니다. 더욱이 한국 사회처럼 타인의 시선을 중요하게 여기는 문화에서는, 내측 전전두엽이 '내가 원하는 것'보다 '남들이 기대하는 것'을 먼저 처리하느라 과부하가 걸립니다.

내가 진짜 좋아하는 것과 실제 선택이 자꾸 어긋나면, 뇌는 자신의 욕구 신호를 점점 불신합니다. 그 결과, 내가 뭘 좋아하고 뭘 원하는지에 대한 감각이 흐릿해지면서 '나, 이대로 괜찮은 건가?' 하는 정체성의 혼란이 찾아옵니다.

자존감은 '높이'가 아니라 '단단함'이다

보통 자존감을 '높여야 한다'라고 생각합니다. 그래서 거울을 보고 "난 최고야, 난 멋져"라고 주문을 외우기도 하고요. 하지만 건강한 자존감은

'높은' 자존감이 아니라 '복잡한' 자존감입니다. 심리학자 패트리샤 린빌 Patricia W. Linville은 '자기 복잡성Self-Complexity' 이론을 주장합니다. 건강한 마음을 가진 사람은 자아의 기둥이 여러 개입니다.

만약 회사가 구조조정을 해서 해고를 당한다면 어떻게 될까요? 자아를 '직장인' 하나로만 정의했던 A 씨는 뇌 전체가 붕괴되는 충격을 받습니다. 하지만 여러 개의 자아를 가진 B 씨는 다릅니다. "직장인으로서의 나는 실패했지만, 테니스 동호회에서의 나나, 아빠로서의 나는 여전히 괜찮아"라며 충격을 흡수합니다.

전미경 정신건강의학과 전문의는 저서 『나를 아프게 하지 않는다』에서 "자존감은 타인의 인정에서 오는 것이 아니라, 나를 지탱하는 다양한 역할에서 온다"라고 강조합니다(전미경, 지와인, 2019). 나를 설명하는 단어가 '직업'이나 '소속' 딱 하나뿐이라면, 당신의 뇌는 지금 매우 위태로운 상태일지 모릅니다.

선택이 나를 만든다

그렇다면 어떻게 흐릿해진 자아를 다시 선명하게 만들 수 있을까요? 자아 회복의 핵심 요소 중 하나는 '선택 경험'입니다. '나'라는 존재는 '내가 과거에 했던 선택들의 총합'입니다. 우리가 남이 시키는 대로 살 때는 뇌의 보상 회로(도파민)가 미지근하게 반응합니다. 하지만 내가 주도적으로 선택하고 그 결과를 책임질 때, 이 과정에서 자기 관련 신경 회로를 강화

합니다

설령 그 선택이 실패로 돌아가더라도 상관없습니다. 17장에서 배웠듯이, 뇌는 실패 데이터조차 '나의 서사'로 편입시켜 자아를 더욱 단단하게 만듭니다.

선택을 반복적으로 타인에게 위임할 경우, 자기 효능감이 약화될 수 있습니다. "엄마가 하라는 대로 했잖아." "네가 가자고 해서 갔잖아." 이런 말을 할 때마다 우리 뇌 속의 '자아'는 점점 쪼그라듭니다. 내 인생의 운전대를 남에게 넘겨주었기 때문입니다.

가면을 벗고 민낯을 마주할 용기

물론 사회생활을 하려면 가면(페르소나)이 필요합니다. 사회적 역할에 따른 페르소나는 필요하지만, 그것이 전부가 될 때 문제가 생깁니다. 하루에 단 30분이라도, 모든 역할을 내려놓고 '자연인 나'로 돌아가는 시간이 필요합니다. 남들의 '좋아요'를 받기 위해 찍는 사진 말고, 내가 진짜 보고 싶어서 찍는 풍경. 남들에게 보여주기 위한 독서 말고, 내가 읽고 싶어서 읽는 만화책을 당당히 즐기는 것이죠.

이러한 시간은 자율적 자기 인식을 회복하는 데 아주 중요합니다. 뇌는 타인의 박수갈채보다, 주인의 솔직한 목소리를 듣고 싶어 합니다. '남들 보기에 그럴싸한 삶'이 아니라 '내가 보기에 괜찮은 삶'을 선택하세요. 주관적 만족감이 유지되는 선택 지점이 개인의 정체성과 가장 잘 맞는 영역일 수 있습니다.

"남들이 너를 무엇이라고 부르든 상관없다. 중요한 것은 네가 너를 무엇
이라고 부르느냐이다."

틱낫한, 불교 지도자이자 평화운동가

① **자아의 파이 차트 그리기** (자기 복잡성 높이기)

동그라미를 그리고 현재 나의 정체성을 조각으로 나눠보세요.

'직장인 50%, 엄마 40%, 아내 10%.'

만약 '그냥 나'를 위한 조각이 없다면, 의도적으로 새로운 조각을 만들어야 합니다. '식물을 키우는 나' '글을 쓰는 나'처럼 작은 취미라도 좋습니다. 내가 쉴 수 있는 또 다른 정체성의 방을 만드세요.

② **'진짜' 욕구 vs '가짜' 욕구 구별하기**

무언가를 선택할 때 스스로에게 질문하세요.

– "이걸 하면 남들이 부러워할까?" (가짜 욕구, 타인 지향)

– "이걸 하면 내 기분이 좋아질까?" (진짜 욕구, 자기 지향)

옷 한 벌을 사더라도 '남들이 알아주는 브랜드'가 아니라 '피부에 닿는 촉감이 좋은 옷'을 고르는 연습을 하세요. 이 작은 선택들이 쌓여 취향이 되고, 취향이 쌓여 자아가 됩니다.

③ **디지털 거리 두기** (비교 멈추기)

SNS는 타인의 하이라이트와 나의 비하인드를 비교하게 만드는 '자존감 도둑'입니다. 하루에 딱 한 시간이라도 스마트폰을 끄고, 타인의 삶을 구경하는 것을 멈추세요. 외부 입력이 차단될 때, 비로소 내면의 목소리가 들리기 시작합니다.

고통 속의 의미 찾기:
빅터 프랭클의 뇌

"도대체 왜 저한테 이런 일이 일어난 거죠?"

"제가 전생에 무슨 죄를 지어서 이런 고통을 겪고 있는 건가요?"

불의의 사고, 사랑하는 사람과의 사별, 갑작스러운 실직…. 감당할 수 없는 고통이 쓰나미처럼 덮쳐올 때, 우리의 뇌는 가장 먼저 "Why(왜)?"라는 질문을 던집니다. 하지만 세상에는 아무리 머리를 굴려도 인과관계를 찾을 수 없는 비극들이 존재합니다. 답을 찾을 수 없는 질문에 오래 머물수록, 뇌의 스트레스 회로는 쉴 새 없이 돌아갑니다. 이 상태가 반복되면, 트라우마는 뇌의 정보 처리 방식을 왜곡시킵니다.

하지만 잿더미 속에서도 새로운 신경망을 연결하고, 오히려 이전보다 더 단단한 뇌를 만들어내는 사람들이 있습니다. 그들의 뇌에서는 고통을 회피하거나 마비시키는 대신, 삶의 맥락 속에 재배치하는 인지적 처리 방식이 작동하고 있었습니다. 죽음의 수용소에서도 살아남은 빅터 프랭클의 이야기가 그 출발점이에요.

살아야 할 이유가 있는 사람은 견딜 수 있다

정신과 의사 빅터 프랭클Viktor Frankl은 나치의 아우슈비츠 수용소로 끌려갔습니다. 부모와 아내, 형제가 모두 가스실에서 목숨을 잃었고, 자신 또한 언제 죽음을 맞이할지 모르는 극한의 공포 속에 놓여 있었습니다. 1장에서 배운 대로라면 그의 뇌는 편도체의 과잉 활성화로 미쳐버리거나, 극도의 무기력에 빠져야 했을 거예요.

하지만 그는 살아남았습니다. 아니, 생존을 뛰어넘어 다른 수감자들을 위로했습니다. 그를 지탱한 힘은 "내가 이곳을 나가서 이 잔혹한 경험을 세상에 알리고, 다시는 이런 비극이 없도록 책을 쓰겠다"라는 '의미Meaning'였습니다.

프랭클은 저서 『죽음의 수용소에서』에서 니체의 말을 빌려 이렇게 말합니다.

"살아야 할 이유(Why)를 가진 사람은, 그 어떤 방식(How)의 삶도 견뎌낼 수 있다(Frankl, 1946)."

이는 전전두엽이 '고통스러운 경험'을 단절된 사건이 아니라, 하나의 이야기 흐름으로 조직했다는 뜻입니다. 의미가 부여되는 순간, 뇌는 고통을 '무의미한 학대'가 아니라 '미래를 위한 시련'으로 재해석합니다. 이때 뇌의

공포 반응은 줄어들고, 인내와 자기 조절에 관여하는 신경 회로의 안정성
이 높아지는 거죠.

외상 후 스트레스(PTSD)를 넘어 외상 후 성장(PTG)으로

우리는 큰 사고를 겪은 사람을 보며 '평생 트라우마PTSD를 안고 살
겠구나' 하고 걱정합니다. 하지만 노스캐롤라이나대학의 리처드 테데스
키Richard Tedeschi 교수는 "인간에게는 상처를 입은 뒤 이전보다 더 강해지
는 '외상 후 성장Post-Traumatic Growth, PTG'의 능력이 있다"라고 주장합니다
(Tedeschi & Calhoun, 2004).

깨진 도자기를 금으로 이어붙여 더 아름다운 예술품을 만드는 일본
의 '킨츠기Kintsugi' 기법처럼, 뇌는 상실 이전의 가치 체계를 그대로 복원하
기보다, 새로운 의미 체계를 형성하며 신경망을 재조직합니다.

"암 투병을 하고 나니, 하루하루가 얼마나 소중한지 알게 되었어."
"사업에 망하고 나니, 진짜 내 친구가 누구인지 보이더라."

이런 깨달음은 단순한 위로가 아닙니다. 뇌의 신경망이 재조직되는 물
리적 과정입니다. 한국의 트라우마 치유 권위자인 최성애 박사는 "고통 그
자체가 우리를 성장시키는 것이 아닙니다. 고통을 통해 무엇을 깨달았는
지 해석하는 과정이 뇌를 성장시킵니다"라고 합니다(최성애, 2014).

고통은 뇌를 부수지만, 그 파편을 가지고 어떤 집을 지을지는 우리의 해석에 달려 있습니다. PTG는 고통을 겪지 않은 상태로 돌아가는 것이 아닙니다. 고통을 등에 업고 더 높은 곳으로 올라가는 것입니다.

뇌의 '의미 네트워크'를 켜라

그렇다면 어떻게 고통 속에서 의미를 찾을 수 있을까요? 이 책에서는 개인의 경험을 사회적 가치와 연결할 때 활성화되는 인지·정서 회로를 편의상 '의미 네트워크'라고 부르겠습니다. 이 스위치를 켜는 열쇠는 '자기 초월Self-Transcendence'입니다. 나의 고통에만 함몰되어 있으면("나만 힘들어") 뇌는 좁아지고 우울해집니다. 하지만 시선을 밖으로 돌려 나의 고통이 타인에게 도움이 될 수 있음을 깨달을 때("내 경험으로 다른 사람을 도울 수 있어"), 뇌는 확장됩니다.

미시간대학의 스테퍼니 브라운Stephanie Brown 교수의 연구에 따르면, 배우자와 사별한 노인 중 봉사 활동을 한 그룹은 그렇지 않은 그룹보다 사망률이 현저히 낮았습니다(Brown et al., 2003).

한국에서도 자식을 잃은 슬픔을 가진 부모들이 모여 비슷한 아픔을 가진 사람들을 상담해 주고 위로하는 활동을 볼 수 있습니다. 이것은 '치유자로서의 부상Wounded Healer' 효과입니다. 남을 치유하는 과정에서 뇌는 자신의 상처를 '부끄러운 흉터'가 아닌 '치유의 도구'로 재정의합니다. 이때 분비되는 도파민과 옥시토신은 그 어떤 항우울제보다 강력하죠.

마침표가 아니라 쉼표였다

인생을 살다 보면 도저히 이해할 수 없는 불행이 닥칩니다. 그때 뇌는 본능적으로 그 사건에 '마침표'를 찍으려 합니다. "내 인생은 여기서 끝났다." 하지만 의미를 찾는 과정은 사건에 종결을 찍는 것이 아니라, 삶의 흐름 속에 다시 배치하는 일에 가까워집니다. "이 일은 내 인생의 한 챕터일 뿐이고, 다음 챕터는 내가 쓸 수 있다."

빅터 프랭클은 수용소에서 풀려난 뒤 이렇게 말했습니다.

"인간에게서 모든 것을 빼앗아 갈 수 있어도, 단 한 가지는 빼앗아 갈 수 없다. 주어진 상황에서 자신의 태도를 선택할 수 있는 자유다."

지금 당신이 겪고 있는 고통이 뇌를 파괴하는 독이 될지, 뇌를 성장시키는 거름이 될지는 알 수 없습니다. 오직 당신만이 그 의미를 결정할 수 있습니다. 뇌는 상처를 받지만, 그 경험을 삶의 의미로 재구성하는 힘도 함께 가지고 있습니다.

"고통은 사라지지 않는다. 다만 의미를 찾는 순간, 고통은 더 이상 고통이기를 멈춘다."

빅터 프랭클, 정신과 의사이자 작가

♦ 실천 팁: 고통을 성장의 동력으로 바꾸는 3가지 질문

① **"왜(Why)"를 "무엇을(What for)"로 바꾸기**

"왜 나한테 이런 일이?"라는 질문은 뇌를 과거의 감옥에 가둡니다. 질문을 미래 지향적으로 바꾸세요.

– "이 경험을 통해 나는 무엇을 배울 수 있는가?"

– "이 고통은 나를 어디로 데려가려 하는가?"

목적론적 질문은 전전두엽을 활성화하여 해결책을 찾게 만듭니다.

② **나의 '영웅 서사' 쓰기** (재해석 글쓰기)

현재 상황을 소설이나 영화의 시놉시스처럼 써 보세요. 단, 장르를 바꿔야 합니다.

– 비극: "주인공은 모든 것을 잃고 절망했다." (X)

– 성장 드라마: "주인공은 시련을 만났지만, 이를 계기로 새로운 능력을 각성하게 된다." (O)

자신을 '피해자'가 아닌 시련을 극복하는 '영웅Hero'으로 정의할 때, 뇌는 주도성을 회복합니다.

③ **작은 이타주의 실천하기** (Helper's High)

나보다 조금 더, 혹은 나와 비슷하게 힘든 사람에게 작은 친절을 베푸세요. 온라인 커뮤니티에 따뜻한 댓글을 달거나, 익명으로 기부하는 것도 좋습니다.

"나는 남을 도울 수 있을 만큼 괜찮은 사람이다"라는 신호가 뇌에 입력되는 순간, 무기력은 사라지고 자존감이 차오릅니다.

29장

회복탄력성 루틴:
무너져도 다시 일어나는 힘

"저 사람은 멘털이 강철이야. 상처를 안 받아."

회복탄력성이 높은 사람을 우리는 흔히 이렇게 표현합니다. 마치 어떤 시련에도 흔들리지 않는 사람처럼 보이니까요. 그러나 상처를 전혀 받지 않는 뇌는 존재하지 않습니다. 감정 반응은 인간 뇌의 정상적인 기능입니다.

'회복탄력성'은 상처를 피하는 능력이 아니라, 충격 이후 원래 상태로 돌아오는 능력입니다. 살다 보면 누구나 넘어지잖아요. 실연을 겪고, 시험에 떨어지고, 사업에 실패합니다. 중요한 것은 넘어지지 않는 것이 아니라, 넘어진 뒤 얼마나 빠르게 회복 경로로 돌아오느냐입니다. 회복탄력성이 뇌에서 어떻게 작동하는지, 그리고 일상에서 어떻게 키울 수 있는지 살펴볼게요.

회복탄력성은 뇌의 '도로망' 문제다

회복탄력성이 높은 사람들의 뇌를 분석하며 특이한 공통점을 발견했습니다. 스트레스를 받을 때 편도체가 활성화되는 정도는 일반인과 큰 차이가 없었습니다. 즉, 이들도 우리와 똑같이 두려움과 고통을 느낀거죠.

차이는 감정이 가라앉는 '속도'에 있습니다. 회복탄력성이 높은 사람의 뇌에서는 전전두엽과 편도체를 연결하는 신경 다발, 즉 '구상속Uncinate Fasciculus'이 상대적으로 굵고 안정적으로 형성되어 있었습니다(Eden et al., 2015). 이 연결 경로가 고속도로처럼 잘 뚫려 있을수록, 전전두엽의 조절 신호를 편도체에 빠르게 전달합니다.

반대로 회복탄력성이 낮은 경우, 이 연결이 국도처럼 좁거나 약해서 감정 진정 신호가 원활히 작동하지 않았습니다. 그 결과 한 번의 충격이 장기간의 우울함이나 불안으로 이어지기 쉽습니다. 감정 자체의 강도보다, 회복 경로의 효율성이 차이를 만드는 셈입니다. 연세대학교 김주환 교수는 저서 『회복탄력성』을 통해 이를 '마음근력'이라고 명명했습니다. 신체 근육처럼, 뇌의 회복 회로 역시 반복적인 훈련을 통해 강화될 수 있다는 뜻이에요(김주환, 위즈덤하우스, 2011).

불행을 증폭시키는 세 가지 인지 오류(3P)

긍정심리학자 마틴 셀리그만Martin Seligman은 회복탄력성을 약화시키는 대표적인 사고 패턴으로 세 가지 인지 오류를 제시했습니다. 위기 상황에서 뇌가 자동으로 빠지기 쉬운 함정 같은 것입니다.

첫째, '개인화Personalization'입니다. 모든 문제를 자신의 탓으로 돌리는 경향입니다. 실제로는 여러 외부 요인이 작용했음에도, 뇌는 책임을 전부 자신에게 뒤집어씌웁니다.

둘째, '만연화Pervasiveness'입니다. 하나의 실패를 인생 전체로 확장 해석하는 방식입니다. 특정 영역의 어려움이 내 삶의 모든 영역을 망쳤다고 느낍니다.

셋째, '영속성Permanence'입니다. 현재의 고통이 영원히 지속될 것이라는 믿음입니다. 감정이 일시적인 날씨와 같다는 걸 잊을수록 회복은 더뎌집니다.

회복탄력성은 이 세 가지 오류를 교정하는 과정에서 강화됩니다.

"이 일은 내 탓만은 아니다."
"내 삶의 일부일 뿐이다."
"이 상태는 변할 수 있다."

이러한 재해석은 전전두엽의 조절 기능을 활성화해 감정 회복 경로를 다시 열어줍니다.

나만의 '회복 레시피' 만들기

신체적 응급 상황에 대비해 구급상자를 준비하듯, 정서적 충격에 대비한 개인별 회복 전략이 필요해요. 이를 이 책에서는 '회복 레시피'라고 부르겠습니다.

스트레스를 받을 때 술이나 폭식 같은 즉각적인 자극에 의존하는 방식은 잠깐은 괜찮을지 몰라도, 장기적으로는 회복탄력성을 약화시킵니다. 대신 기분을 안정적으로 회복시키는 행동 목록을 미리 정리해 두면 많은 도움이 됩니다. 거창할 필요 없이, 일상에서 해봤더니 효과가 있었던 행동이면 충분합니다.

* 소화가 편안한 죽이나 따뜻한 국물 요리 먹기
* 일정한 리듬의 음악을 들으며 무작정 걷기
* 가장 신뢰하는 친구와 짧은 통화 나누기

중요한 건, 정서적 에너지가 바닥난 상태에서도 별다른 고민 없이 기계적으로 실행할 수 있을 만큼 구체적이어야 한다는 점입니다. 회복 레시피는 감정이 와르르 무너진 순간, 뇌가 참고할 수 있는 비상 매뉴얼이 되어 줍니다.

넘어진 김에 쉬어가도 된다

회복탄력성은 오뚝이처럼 즉각적으로 다시 일어나는 능력만을 의미하지 않습니다. 경우에 따라서는 잠시 멈추어 에너지를 회복하는 과정도 포함됩니다. 큰 정서적 충격 이후 무리하게 정상 상태로 돌아가려 애쓰면, 오히려 회복이 지연되거나 이차적인 심리적 부담이 생길 수 있습니다. 이때 필요한 건 자신에게 회복의 시간을 허락하는 태도입니다. 휴식은 나약함이 아니라, 더 높이 튀어 오르기 위한 회복 전략의 일부니까요.

진정한 강인함은 상처받지 않는 것이 아니라, 손상된 후에도 다시 기능을 회복하는 능력에 있습니다. 지금까지 수없이 넘어졌음에도 다시 일어설 수 있었던 경험 자체가, 이미 뇌의 회복 시스템이 작동하고 있다는 증거입니다.

"인생의 영광은 한 번도 넘어지지 않는 데 있는 것이 아니라, 넘어질 때마다 다시 일어나는 데 있다."

넬슨 만델라Nelson Mandela, 사회운동가이자 정치인

◆ 실천 팁: 회복탄력성을 높이는 3가지 루틴

① 부정적 생각 반박하기

부정적 해석이 떠오를 때, 그 생각의 근거를 점검하고 논리적으로 재구성합니다. 이 과정은 전전두엽의 기능을 강화해 감정 반응의 자동화를 줄입니다.

② 개인별 회복 레시피 정리하기

우울하거나 지칠 때 실행할 수 있는 행동을 목록으로 만들어둡니다. 선택에 필요한 인지 에너지를 최소화하는 것이 핵심입니다.

③ 하루 10분의 중간 휴식

짧은 휴식은 뇌의 과도한 각성을 완화하고, 회복력을 유지하는 데 도움을 줍니다. 지속적인 긴장 상태를 예방하는 기본 장치이기도 합니다.

30장

스트레스 예방:
내 마음의 계기판 읽기

"그냥 좀 피곤한 줄 알았는데, 갑자기 공황발작이 왔어요."

"머리가 깨질 듯이 아파서 병원에 갔더니, 검사상 이상은 없다고 하더군요."

많은 사람이 마음의 문제가 어느 날 갑자기 찾아온다고 느낍니다. 어제까지 멀쩡하던 사람이 번아웃으로 쓰러지고, 평소 잘 웃던 사람이 우울증 진단을 받습니다. 그러나 이런 변화에는 언제나 전조가 있습니다. 몸과 뇌는 이미 오래전부터 신호를 보내고 있었기 때문입니다.

자동차 계기판에 경고등이 켜지면 우리는 일단 차를 세웁니다. 이를 무시한 채 달리면 차가 고장 난다는 걸 아니까요. 그런데 이상하게도, 우리는 몸이 보내는 경고 신호에는 둔감합니다. 통증이나 불편함을 진통제나 술로 덮어두고, "괜찮아"라며 다시 속도를 올립니다.

지금부터는 폭발 직전 뇌가 보내는 신호, 그리고 그 신호를 읽는 능력인 '내수용 감각' 이야기입니다.

뇌의 제6감, 내수용 감각

우리는 오감을 통해 외부 세계를 인식하지만, 뇌가 실제로 더 중시하는 정보는 몸 내부에서 올라옵니다. 심장 박동, 호흡의 깊이, 위장의 움직임 같은 신호입니다. 뇌의 섬엽이 이 정보들을 실시간으로 모아 읽죠. 이것이 '내수용 감각'입니다.

내수용 감각은 감정의 토대가 됩니다. 심리학자 리사 펠드먼 배럿^{Lisa Feldman Barrett}은 감정을 "뇌가 신체 감각에 의미를 부여한 결과"라고 합니다 (Barrett, 2017). 같은 신체 반응이라도 상황에 따라 전혀 다른 감정으로 해석합니다.

예를 들어, 심장이 빠르게 뛰고 배가 불편한 상태가 면접장에서는 '불안'으로, 상한 음식을 먹은 뒤에는 '메스꺼움'으로 인식되는 식이죠. 몸의 감각을 제대로 인식하지 못하면, 감정 역시 막연해집니다. "그냥 답답하다"라는 표현이 반복된다면, 감정이 없는 것이 아니라 몸의 신호를 읽는 능력이 약해진 상태일 가능성이 큽니다.

한국 사회와 신체화 증상

한국 사회는 오랫동안 몸의 신호를 억누르는 문화에 익숙합니다. 참고 버티는 것이 미덕으로 여겨졌고, 감정을 드러내면 약하다는 취급을 받았죠. 그 결과, 몸은 신호를 보내지만 뇌는 이를 무시하는 상황을 반복합니다.

이렇게 처리되지 못한 스트레스는 신체 증상으로 전환됩니다. 원인을 알 수 없는 두통, 소화 장애, 만성 피로 같은 증상들이 여기에 해당합니다. 검사에서는 이상이 없지만, 당사자는 극심한 불편을 느낍니다. 이것이 '신체화 증상'입니다.

정신건강의학과 전문의 문요한은 저서 『이제 몸을 챙깁니다』에서 이를 "몸에 대한 무감각이 누적된 결과"라고 말합니다(문요한, 해냄출판사, 2019). 번아웃은 열심히 산 증거가 아니라, 몸의 경고를 지나치게 오래 무시한 결과일 수 있습니다.

스트레스 조기 경보 시스템

스트레스는 갑자기 폭발하지 않습니다. 뇌는 단계적으로 신호를 보냅니다.

초기 단계에서는 단것이 자주 당기거나, 목과 어깨가 뻐근해집니다. 하품이 늘고 집중력이 떨어집니다.

경고 단계로 넘어가면 수면이 불안정해지고, 소화가 잘되지 않으며, 작은 자극에도 예민해집니다.

위험 단계에 이르면 아침에 일어나기 어렵고, 사람을 피하고 싶어집니다.

많은 사람이 마지막 단계에서야 자신의 상태를 인식합니다. 반면 회복력이 높은 사람들은 초기 신호에서 이미 속도를 줄입니다. 평소와 다른 몸의 반응을 단순한 불편함으로 넘기지 않고, 조정 신호로 받아들입니다.

내수용 감각을 회복한다는 것은, 몸의 계기판을 다시 읽을 수 있게 되는
것을 의미합니다.

생각에서 감각으로

우리는 하루 대부분을 생각 속에서 보냅니다. 과거를 되짚고, 미래를
걱정합니다. 그사이 현재의 몸은 배경으로 밀려납니다. 하지만 스트레스
를 예방하려면 주의를 다시 몸으로 돌려야 합니다. 의자에 앉아 몸의 무게
가 어디에 실리는지 느끼고, 손끝의 촉감을 인식하는 것만으로도 충분합
니다. 주의가 머리에서 몸으로 내려오는 순간, 과도하게 활성화된 전전두
엽과 편도체는 자연스럽게 진정됩니다. 몸의 감각은 언제나 현재에 존재하
며, 그 신호는 비교적 정직하니까요.

"몸은 기억한다. 당신이 잊으려 했던 모든 상처와 스트레스를."

베셀 반 데어 콜크**Bessel van der Kolk**, 신체 심리학자

① 바디 스캔

잠들기 전이나 아침에 눈을 뜬 직후, 짧은 시간 동안 발부터 머리까지 주의를 이동시켜 봅니다. 긴장이 느껴지는 부위를 알아차리는 것만으로도 자율신경계의 균형에 도움을 줍니다.

② HALT 점검

기분이 급격히 나빠질 때, 배고픔(Hungry), 분노(Angry), 외로움(Lonely), 피로(Tired) 중 어떤 요소가 작용하고 있는지 점검합니다. 많은 정서적 불편은 생리적 결핍에서 시작합니다. 필요한 것은 분석보다 기본적인 돌봄일 때가 많습니다. 몸은 우리가 무심코 지나쳤던 신호들까지 모두 저장하고 있습니다. 그 신호에 조금만 더 귀를 기울인다면, 마음의 위기는 훨씬 앞에서 멈출 수 있습니다.

디지털 디톡스: 팝콘 브레인 치유하기

"잠깐 인스타그램만 확인하려고 했는데, 정신을 차려보니 2시간이 지났어요."

"유튜브 숏츠Shorts를 보느라 새벽 3시에 잠들었습니다."

현대인의 밤 풍경은 기묘합니다. 불 꺼진 방, 침대 위에 누워 스마트폰의 푸르스름한 빛을 얼굴에 뒤집어쓴 채 무표정하게 손가락만 움직이는 모습. 우리는 이것을 '휴식'이라고 부르지만, 이것은 휴식이 아니라 '지속적인 신경 각성 상태'입니다. 15초마다 바뀌는 자극적인 영상, 쉴 새 없이 울리는 카톡 알림, '좋아요' 숫자가 올라갈 때의 짜릿함. 이 디지털 폭격 속에서 우리의 뇌는 서서히, 그리고 확실하게 변형되고 있습니다.

이 장에서는 즉각적 자극에 과도하게 반응하도록 변형된 뇌 상태, 이른바 '팝콘 브레인'을 다룹니다. 팝콘이 튀어 오르듯 즉각적이고 강렬한 자극에만 반응하고, 현실의 느리고 지루한 자극에는 무감각해지는 뇌. 이것은 단순한 습관의 문제가 아닙니다. 거대 IT 기업들이 설계한 '중독 알고리즘'과 신경학적 부담이 누적된 결과로 볼 수 있습니다.

당신의 주머니 속 슬롯머신

우리는 왜 스마트폰을 손에서 놓지 못할까요? 의지력이 약해서일까요? 아닙니다. 스마트폰이 '슬롯머신'과 똑같은 원리로 설계되었기 때문입니다. 행동심리학자 버러스 프레더릭 스키너Burrhus Frederic Skinner는 쥐 실험을 통해 '가변적 보상Variable Reward'의 위력을 발견했습니다. 레버를 누를 때마다 먹이가 나오는 경우보다, 언제 나올지 모르는 '랜덤' 보상일 때 쥐는 훨씬 더 집요하게, 거의 집착에 가깝게 레버를 눌러댔으니까요.

스마트폰을 켜는 행위가 레버 당기기입니다. "새로운 카톡이 왔을까? 누가 내 사진에 '좋아요'를 눌렀을까? 이번 쇼트폼은 재밌을까?" 확인하기 전까지는 모릅니다(불확실성). 그리고 확인하는 순간, 뇌의 보상 중추인 측좌핵에서는 도파민 분비가 급격히 증가합니다.

문제는 이 도파민이 8장의 운동이나 17장의 성취감이 주는 도파민과 화학 구조는 같지만, 성질이 전혀 다른, 노력 없이 얻어지는 '값싼 도파민Cheap Dopamine'이라는 겁니다. 마치 '슬롯머신'처럼, 스마트폰은 언제 어떤 보상(좋아요, 재미있는 영상)이 나올지 모르는 '가변적 보상' 패턴으로 뇌를 유혹합니다. 뇌는 불확실한 보상을 기대할 때 도파민을 미친 듯이 뿜어냅니다. IT 기업들은 이 원리를 이용해 우리 뇌의 보상 시스템을 '해킹'합니다.

이 싸구려 도파민에 절여진 뇌는, 독서나 산책 같은 느리고 은은한 자극(진정한 행복)에는 더 이상 반응하지 않는 '팝콘 브레인'이 됩니다. 뇌는 공짜 보상에 쉽게 중독되고, 내성이 생겨 더 강하고, 더 빠르고, 더 자극적인 영상을 원합니다. 한 시간짜리 드라마도 지루해서 '2배속'으로 보거나 '요약본'으로 봐야 하는 상태가 됩니다.

저하되는 집중 기능

베스트셀러 『도둑맞은 집중력』의 저자 요한 하리Johann Hari는 "우리의 집중력은 붕괴된 것이 아니라 도둑맞은 것"이라고 주장합니다(Hari, 어크로스, 2022). 실리콘밸리의 천재 개발자들이 인간의 뇌가 쾌락에 얼마나 취약한지 연구하여, 우리의 눈을 화면에 붙잡아 두도록 앱을 설계했으니까요.

그 결과는 참혹합니다. 한국은 세계 최고의 스마트폰 보급률을 자랑하지만, 동시에 '디지털 치매Digital Dementia'라는 신조어를 탄생시킨 나라가 되었습니다. 전화번호를 못 외우는 건 애교이고, 긴 글을 읽고 이해하는 문해력이 급격히 떨어졌습니다.

정신건강의학과 전문의 하지현 교수는 스마트폰이 불안이나 무료함을 달래기 위한 정서적 도구, 즉 성인의 '공갈 젖꼭지'와 같은 역할을 할 수 있다고 합니다. 아이가 울 때 젖꼭지를 물리면 조용해지듯, 어른들도 불안하거나 심심하면 스마트폰을 입(눈)에 뭅니다. 그 결과, 우리는 '지루함을 견디는 근육'을 잃어버렸습니다.

지루한 상태야말로 창의적 사고가 피어나는 환경이에요. 멍하니 있을 때 뇌의 '디폴트 모드 네트워크'가 정보를 연결하고 새로운 아이디어를 만드니까요. 하지만 스마트폰이 그 틈새를 꽉 채워버리니, 뇌는 사색할 틈도, 회복할 틈도 없이 정보의 쓰레기처리장이 되어 갑니다.

도파민 디톡스: 뇌의 감도^{Sensitivity}를 복구하라

희망적인 것은 뇌에 뛰어난 가소성이 있다는 겁니다. 디지털 기기를 멀리하면 뇌는 다시 회복됩니다. 이를 '도파민 디톡스^{Dopamine Detox}'라고 합니다. 단것을 계속 먹으면 미각이 둔해져서 과일의 단맛도 싱겁게 느껴지지만, 며칠 굶으면 쌀밥도 달게 느껴지는 것과 같습니다. 과도한 디지털 자극을 차단하면, 뇌의 도파민 수용체가 다시 민감해집니다. 그러면 책을 읽거나, 산책하거나, 사람과 대화하는 '느린 자극'에서도 충분히 즐거움을 느낄 수 있습니다.

중요한 건 '완전한 차단'이 아니라 '주도권 회복'입니다. 스마트폰이 나를 부를 때 보는 게 아니라, 내가 필요할 때만 스마트폰을 찾는 주인으로 돌아가는 것입니다.

현실로 돌아올 시간

30장에서 배운 '내수용 감각'을 기억하시나요? 스마트폰에 빠져 있는 동안 우리는 몸의 감각을 잃어버려요. 거북목이 되고, 눈이 뻑뻑하고, 배가 고픈지 부른지도 모릅니다. 이것은 '유체 이탈' 상태와 다를 바 없습니다.

이제 그 작은 화면에서 고개를 들어보세요. 창밖의 풍경, 사랑하는 사람의 눈동자, 내 몸의 감각…. 실제 세상은 고화질 액정보다 훨씬 더 선명하고 아름답습니다. 뇌는 0과 1의 세계가 아니라, 만지고 냄새 맡고 교감하는 아날로그 세상에서 살도록 진화했습니다.

"우리는 정보를 얻기 위해 지혜를 잃어버렸다."

T.S. 엘리엇T.S.Eliot, 작가

① 화면을 흑백 모드로 바꾸기 (Grayscale)

스마트폰 설정에서 화면을 '흑백 모드'로 바꾸세요. 빨간색 알림 배지, 화려한 인스타그램 사진들이 회색으로 변하는 순간, 뇌의 도파민 반응이 뚝 떨어집니다. 뇌 입장에서 스마트폰이 '맛없는 음식'처럼 보이게 만드는 것이죠.

② 침실 '노 폰 존'No Phone Zone' 선언

잠들기 전 스마트폰 사용은 수면 호르몬(멜라토닌)을 파괴하고 뇌를 각성시킵니다. 충전기를 침실이 아닌 거실에 두세요. 그리고 침대 머리맡에는 스마트폰 대신 책 한 권을 두세요. 심심해서 책을 읽다가 잠드는 것, 그것이 뇌에 주는 최고의 자장가입니다.

③ 스마트폰 감옥 만들기 (물리적 차단)

집에 돌아오면 스마트폰을 눈에 보이지 않는 서랍이나 상자(일명 '스마트폰 감옥')에 넣어두세요. 19장에서 배웠듯, 환경 설정이 의지보다 강합니다. 눈에서 멀어지면 마음(도파민 욕구)에서도 멀어집니다. 하루 딱 한 시간만이라도 '디지털 프리' 시간을 갖고 가족과 대화하거나 멍하니 있어 보세요.

32장 뇌는 다시 일어설 준비가 되어 있다

어느덧 이 책의 마지막 장에 이르렀습니다. 1장부터 지금까지 이어진 흐름은, 독자의 뇌가 변화 과정을 따라왔음을 보여줍니다. 아마 이 책을 처음 집어 들었을 때, 여러분의 마음은 무겁고 복잡했을 것입니다. 많은 독자가 자신의 상태를 문제로 인식하며 이 책을 펼칩니다. 이는 개인의 취약함이 아니라, 뇌가 보내는 신호에 대한 자연스러운 해석 과정입니다.

이 책에서 반복적으로 확인한 것은 다음과 같습니다. 불안과 감정 기복은 나약함의 증거라기보다, 뇌의 방어 체계가 과도하게 작동한 결과로 해석할 수 있습니다. 그리고 무엇보다, 우리의 뇌는 고정된 기계가 아니라 매일매일 변하는 생명체라는 사실입니다.

뇌는 '명사'가 아니라 '동사'다

뇌과학이 인류에게 던지는 가장 위대한 메시지는 단 하나, '신경가소성'입니다. 뇌는 우리가 죽는 순간까지 변합니다. 어제의 우울했던 뇌가 내일도 우울하리라는 법은 없습니다.

서울대학교병원 정신건강의학과 권준수 교수는 저서 『나는 왜 나를 피곤하게 하는가』에서 "뇌는 우리가 사용하는 방식에 따라 끊임없이 회로를 재배선한다. 불안한 뇌도 훈련을 통해 안정된 뇌로 바뀔 수 있다"라고 강조합니다(권준수, 올림, 2018).

우리가 운동화 끈을 묶고 현관을 나설 때, 감사한 일 세 가지를 적을 때, 사랑하는 사람을 안아줄 때, 뇌 속에서는 눈에 보이지 않지만, 측정 가능한 변화를 진행합니다. 끊어졌던 시냅스가 다시 연결되고, 얇아졌던 전전두엽이 두꺼워지며, 과열된 편도체가 식어갑니다.

이러한 특성을 고려하면, 뇌의 변화 가능성을 성급히 단정할 이유는 없습니다. "이번 생은 망했어"라는 말은 틀린 문장입니다. 당신이 숨을 쉬고 있는 한, 뇌는 언제든 리모델링 공사를 진행할 준비를 하고 있습니다.

완벽하지 않아도 괜찮다는 과학적 위로

이 책에는 수많은 '실천 팁'이 담겨 있습니다. 호흡, 명상, 운동, 식단, 대화법… 혹시 이 모든 것을 다 해야 한다는 압박감을 느끼시나요? 제발 그러지 마십시오. 과도한 완벽주의는 뇌의 회복 자원을 빠르게 소진시키는 경향이 있습니다. 19장에서 배웠듯이, 뇌는 작은 변화부터 받아들입니다.

어떤 날은 운동을 빼먹을 수도 있고, 어떤 날은 욱해서 화를 낼 수도 있습니다. 괜찮습니다. 17장에서 배웠듯이 그것은 실패가 아니라 '데이터' 일 뿐이니까요. 중요한 건 멈추지 않는 것입니다. 넘어진 자리에서 "아, 내 뇌가 지금 힘들구나" 하고 알아차리고(30장), 다시 4-7-8 호흡(7장)을 한 번 크게 내쉬는 것. 그 작은 회복탄력성이면 충분합니다.

카이스트 정재승 교수는 『열두 발자국』에서 "뇌는 끊임없이 지도를 그리는 탐험가"라고 말했습니다(정재승, 어크로스, 2018). 우리는 완성된 지도를 가지고 태어난 게 아닙니다. 엉성하고 찢어진 지도를 들고, 넘어지고 헤매면서 나만의 길을 그려나가는 과정 자체가 곧 삶입니다.

사회적 연결과 회복의 관계

마지막으로 꼭 드리고 싶은 말씀은 '연대'입니다. 한국 사회는 유독 '각자도생'을 강요합니다. 혼자서 성공해야 하고, 혼자서 아픔을 견뎌야 한다고 하죠. 하지만 4부에서 확인했듯, 인간의 뇌는 '사회적 연결' 없이는 결코 온전해질 수 없습니다.

가장 강력한 항우울제는 타인의 체온입니다. 가장 강력한 진통제는 누군가의 공감입니다. 당신이 힘들 때 혼자 동굴로 들어가지 말고, 뇌의 '사회적 미주신경'을 켜고 밖으로 손을 뻗으세요.

그리고 당신의 뇌가 여유를 찾았을 때, 이제는 당신이 누군가의 '안전 기지'가 되어 주세요. 우리가 서로의 뇌를 지켜주는 울타리가 되어 줄 때, 비로소 개인의 치유를 넘어 세상의 치유가 시작됩니다.

뇌는 당신의 편입니다

이제 책을 덮고 세상으로 나갈 시간입니다.

두려우신가요? 당연합니다. 뇌는 변화를 두려워하니까요.

설레기도 하신가요? 다행입니다. 뇌는 새로운 도전을 사랑하니까요.

당신의 머릿속에 있는 1.4kg의 작은 우주, 뇌를 믿으세요. 그것은 당신을 괴롭히기 위해 존재하는 게 아니라, 당신을 살리기 위해, 당신을 행복하게 만들기 위해 지난 수백만 년 동안 진화해 온 당신의 가장 강력한 아군입니다.

오늘 밤, 잠들기 전 자신에게 이렇게 말해 주세요.

"고생했어. 그리고 내일도 잘 부탁해, 나의 뇌야."

우리의 뇌는, 언제든 다시 일어설 준비가 되어 있습니다.

"가장 위대한 영광은 한 번도 실패하지 않는 것이 아니라, 실패할 때마다 다시 일어나는 데 있다."

공자孔子, 고대 중국 춘추시대 정치인이자 사상가

◆ 실천 팁: 뇌과학이 제안하는 '통합 회복 루틴'

① 몸의 기초 세우기 (Body)

하루 24시간 중 딱 30분만 뇌를 위해 투자하세요.

– 낮 20분: 햇빛을 보며 걷기. (세로토닌 + BDNF 충전)

– 밤 10분: 스마트폰 없이 미지근한 물로 샤워하고 스트레칭. (부교감신경 활성화)

이 루틴만 지켜도 뇌의 하드웨어는 무너지지 않습니다.

② 마음의 방향 돌리기 (Mind)

하루에 한 번, 뇌의 검색 엔진[RAS]을 긍정으로 돌리세요.

– 잠들기 전 '감사 일기 3줄' 쓰기.

– 부정적인 생각이 들 때 "그럼에도 불구하고" 덧붙이기.

– 실패했을 때 "아직은(Not yet)"이라고 말하기.

생각의 습관이 뇌의 구조를 바꿉니다.

③ 연결의 끈 잡기 (Connection)

일주일에 한 번, 뇌의 사회적 갈증을 해소하세요.

– 좋아하는 사람과 '밥 한 끼' 같이 먹기.

– 힘들 때 "도와줘"라고 말하기.

– 가족이나 연인을 '20초 이상' 안아주기.

혼자서는 회복할 수 없습니다. 우리는 함께일 때단 온전합니다.

뇌는 '명사'가 아니라 '동사'다 (신경가소성)

뇌의 변화 가능성: 신경가소성 (Neuroplasticity)

과거의 뇌 (고정)
'이번 생은 망했어'

미래의 뇌 (변화)
'다시 시작할 수 있어'

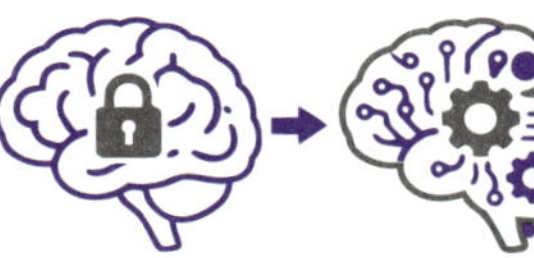

'이번 생은 망했어'
(명사)

'다시 시작할 수 있어'
(동사)

 운동

 감사 일기 → 연결/포옹

연결/포옹

작은 행동들이 시냅스를 재연결하고
뇌를 리모델링한다.

완벽하지 않아도 괜찮다 (작은 회복)

작은 실천과 연결의 힘 (회복의 열쇠)

완벽주의 압박
과도한 압박은
뇌를 소진시킴.

작은 실천
(호흡, 알아차림)

**넘어져도 괜찮아,
다시 숨을 고르면 돼.**

사회적 연결
(가장 강력한 항우울제)

타인의 체온과 공감이 뇌를 치유한다.

뇌는 당신의 편이다 (아군과 연대)

당신의 가장 강력한 아군, 뇌 (회복탄력성)

실패 = 데이터
(배움)

다시 일어서기
(회복탄력성)

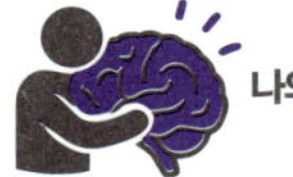

나의 뇌와 화해하기

서로의 안전 기지가
되어주는 연대

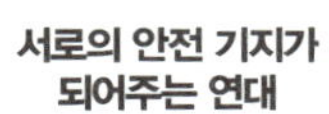

**"우리의 뇌는,
다시 일어설 준비가 되어 있습니다."**

뇌과학 핵심 용어 50

우리의 뇌를 더 깊이 이해하기 위한 필수 개념

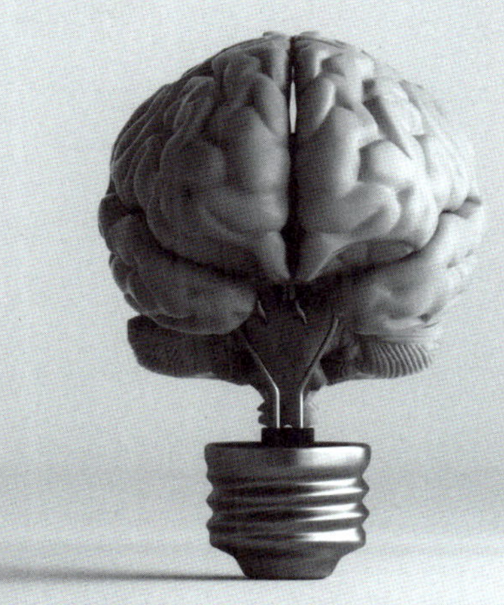

뇌의 구조

1. **편도체** Amygdala

    아몬드 모양의 작은 구조물로, 뇌의 '화재경보기' 역할을 한다. 위협을 0.1초 만에 감지하고 투쟁–도피 반응을 일으킨다.

2. **해마** Hippocampus

    바다생물 해마를 닮아 붙여진 이름. 새로운 기억을 저장하고 분류하는 '뇌 속 도서관 사서' 역할을 한다.

3. **전전두엽** Prefrontal Cortex

    이마 바로 뒤에 위치한 뇌의 '이성적 뇌'. 계획, 판단, 충동 조절, 감정 조절을 담당한다.

4. **대뇌피질** Cerebral Cortex

    뇌의 가장 바깥층에 있는 주름진 회색 물질로, 사고·언어·감각 처리 등 고등 인지 기능을 담당한다.

5. **변연계** Limbic System

    뇌의 '감정 뇌'. 편도체, 해마, 시상하부 등으로 구성되며 감정, 기억, 동기를 조절한다.

6. **시상하부** Hypothalamus

    뇌의 '호르몬 지휘관'. 체온, 배고픔, 갈증, 수면, 스트레스 반응 등 생존에 필수적인 기능을 조절한다.

7. **뇌간** Brain Stem

    뇌의 가장 아래쪽에 위치한 '생존 뇌'. 호흡, 심장 박동, 각성 수준 등 생명 유지에 필수적인 기능을 자동으로 조절한다.

8. **미주신경** Vagus Nerve

    뇌에서 시작해 심장, 폐, 위장까지 연결된 가장 긴 뇌신경으로, 부교감신경의 핵심 주축이다.

9. **섬엽** Insula

    뇌 깊숙이 숨겨진 '내면 감지기'. 내장 감각, 통증, 감정적 자각을 담당한다.

10. **기저핵** Basal Ganglia

    뇌 깊은 곳의 '습관 저장소'. 반복된 행동을 자동화하여 의식적 노력 없이 수행할 수 있게 한다.

11. 도파민 Dopamine

'기대와 동기의 분자'. 보상을 예측할 때 분비되어 동기와 의욕을 만든다.

12. 세로토닌 Serotonin

'마음의 안정제'. 기분, 수면, 식욕을 조절하며 정서적 균형을 유지한다.

13. 옥시토신 Oxytocin

'유대감의 호르몬'. 스킨십이나 사회적 연결 시 분비되어 신뢰와 친밀감을 높인다.

14. 코르티솔 Cortisol

'스트레스 호르몬'. 위험 상황에서 에너지를 동원한다.

15. 노르에피네프린 Norepinephrine

'각성 호르몬'. 집중력과 주의력을 높이고, 위기 상황에서 빠른 반응을 가능하게 한다.

16. BDNF Brain-Derived Neurotrophic Factor

'뇌의 성장 인자'. 신경세포의 성장, 생존, 연결을 촉진하는 단백질이다.

17. 엔도르핀 Endorphin

'천연 진통제'. 운동, 웃음, 명상 시 분비되어 통증을 줄이고 행복감을 높인다.

18. 멜라토닌 Melatonin

'수면 호르몬'. 어둠에 반응하여 분비되며, 수면-각성 주기를 조절한다.

19. 아세틸콜린 Acetylcholine

'학습과 기억의 열쇠'. 새로운 정보를 배우고 기억하는 데 필수적이다.

20. 이리신 Irisin

'운동 호르몬'. 근육이 수축할 때 분비되어 뇌의 BDNF 생성을 촉진한다.

21. 마이오카인 Myokine

'근육 유래 호르몬'. 운동 시 근육에서 분비되어 뇌와 면역계에 긍정적 영향을 미친다.

22. 번아웃 Burnout

만성 스트레스가 한계치를 넘었을 때 뇌가 에너지를 절약하기 위해 시스템을 강제로 꺼버리는 상태. 의지력의 부족이 아니라, 과열된 뇌가 스스로를 보호하기 위한 생존 반응이다.

23. 신경가소성 Neuroplasticity

뇌가 경험에 따라 구조와 기능을 변화시키는 능력. '뇌는 평생 변한다'라는 현대 뇌과학의 핵심 원리다.

24. 시냅스 Synapse

신경세포 사이의 연결 지점. 학습과 기억은 시냅스 연결의 강화와 약화로 이루어진다.

25. 미엘린 Myelin

신경세포 축삭을 감싸는 절연체로, 신호의 전달 속도를 최대 100배까지 높인다.

26. 글림프 시스템 Glymphatic System

뇌의 '청소 시스템'. 수면 중에 활성화되어 뇌 속 노폐물을 제거한다.

27. 디폴트 모드 네트워크 Default Mode Network, DMN

뇌가 특정 과제에 집중하지 않을 때 활성화되는 신경망으로, 자기 성찰과 과거 회상에 관여한다.

28. 수면 부채 Sleep Debt

스트레스 반응의 핵심 경로로, 시상하부→뇌하수체→부신으로 이어지는 호르몬 연쇄 작용이다.

29. 투쟁-도피 반응 Fight-or-Flight Response

위협에 대한 자동적 생존 반응으로, 교감신경이 활성화되어 심박수 증가와 근육 긴장이 나타난다.

30. 편도체 하이재킹 Amygdala Hijacking

강렬한 감정이 이성을 압도해 충동적으로 반응하는 현상. 대니얼 골먼이 명명.

31. 장-뇌 축 Gut-Brain Axis

심장 박동 간격의 변화 정도로, 자율신경계의 유연성을 보여주는 지표다.

32. 다미주 이론 Polyvagal Theory

스티븐 포지스가 제안한 자율신경계 이론. 미주신경의 세 가지 상태가 정서 조절에 영향을 준다.

33. 신경 생성 Neurogenesis

새로운 신경세포가 생성되는 과정으로, 성인의 해마에서도 일어난다.

34. 렘수면 REM Sleep

빠른 안구 운동이 일어나는 수면 단계로, 꿈이 주로 나타나며, 감정 기억의 처리에 중요하다.

정서 조절과 회복

35. 교감신경 Sympathetic Nervous System

상황에 대한 해석을 바꾸어 감정을 조절하는 전략으로, 전전두엽 활성과 편도체 억제가 동반된다.

36. 정서 명명하기 Affect Labeling

감정에 이름을 붙이는 것만으로 편도체 활동이 감소하는 현상.

37. 회복탄력성 Resilience

역경에서 회복하고 성장하는 능력으로, 훈련을 통해 강화할 수 있다.

38. 마음챙김 Mindfulness

현재 순간에 판단 없이 주의를 기울이는 상태. 8주 훈련으로 뇌 구조가 변화한다는 연구가 있다.

39. 외상 후 성장 Post-Traumatic Growth, PTG

트라우마 경험 이후 오히려 심리적 성장이 나타나는 현상.

40. 자기효능감 Self-Efficacy

특정 과제를 성공적으로 수행할 수 있다는 믿음. 앨버트 반두라가 제안한 개념.

41. 공포 소거 Fear Extinction

반복된 실패 경험으로 포기하는 상태. 마틴 셀리그먼이 발견.

42. 사회적 지지 Social Support

타인으로부터 받는 정서적, 실질적 도움으로, 스트레스 완충 효과가 있다.

행동과 습관

43. 내수용 감각 Interoception

습관을 구성하는 세 요소. 신호→반복행동→보상으로 이루어진 습관 구조. 찰스 두히
그가 정리한 개념.

44. 작은 습관 Tiny Habits

BJ 포그가 제안한 행동 변화 방법. 아주 작은 행동부터 시작해 성공 경험을 쌓는다.

45. 행동 활성화 Behavioral Activation

우울증 치료에 효과적인 기법. 행동을 먼저 바꿔 감정을 회복하는 전략.

46. 보상 예측 오류 Reward Prediction Error

예상한 보상과 실제 보상의 차이. 예상치 못한 보상이 가장 강력한 동기를 만든다.

47. 가변적 보상 Variable Reward

불규칙하게 주어지는 보상이 도파민을 더 많이 분비시키는 현상.

48. 생리적 한숨 Physiological Sigh

두 번 짧게 들이쉬고 한 번 길게 내쉬는 호흡법. 가장 빠른 진정 효과를 낸다.

49. 4-7-8 호흡 4-7-8 Breathing

앤드루 와일 박사가 보급한 호흡법. 4초 들이쉬고, 7초 멈춘 뒤, 8초 내쉬기를 반복.

50. 뉴로빅스 Neurobics

'뇌 에어로빅'. 일상에서 감각과 루틴을 바꾸어 뇌를 자극하는 활동.

뇌는 변할 수 있습니다.
오늘의 작은 실천이 내일의 뇌를 만듭니다.

참고 문헌

B

Babyak, M., et al. (2000). Exercise treatment for major depression: Maintenance of therapeutic benefit at 10 months. *Psychosomatic Medicine*, 62(5), 633–638.

Barrett, L. F. (2017). *How Emotions Are Made. Houghton Mifflin* Harcourt.

Begley, S. (2007). *Train Your Mind, Change Your Brain: How a New Science Reveals Our Extraordinary Potential to Transform Ourselves*. Ballantine Books.

Bowlby, J. (1988). *A Secure Base: Parent-Child Attachment and Healthy Human Development*. Basic Books.

Brooks, A. W. (2014). Get excited: Reappraising pre-performance anxiety as excitement. *Journal of Experimental Psychology: General*, 143(3), 1144.

Brooks, A. W. (2014). Get excited: Reappraising pre-performance anxiety as excitement. Journal of Experimental Psychology: General, 143(3), 1144–1158.

Brown, S. L., et al. (2003). Providing social support may be more beneficial than receiving it: Results from a prospective study of mortality. *Psychological Science*, 14(4), 320–327.

C

Cannon, W. B. (1932). The Wisdom of the Body. W. W. Norton & Company.

Cha, M. Y., & Hong, H. S. (2015). Effect of laughter therapy on salivary cortisol and immunoglobulin A in cancer patients. *Journal of Korean Academy of Nursing*, 45(2), 273–282.

Choi, H. J., & Lee, S. H. (2021). The effects of behavioral activation on depression and anxiety in college students during COVID-19. *Korean Journal of Psychology: General*.

Clear, J. (2018). *Atomic Habits*. Penguin Random House.

Coan, J. A., Schaefer, H. S., & Davidson, R. J. (2006). Lending a hand: Social regulation of the neural response to threat. *Psychological Science*, 17(12), 1032–1039.

Cohen, S., et al. (2015). Does hugging provide stress-buffering social support? A study of susceptibility to upper respiratory infection and illness. *Psychological Science*, 26(2), 135–147.

Cousins, N. (1979). *Anatomy of an Illness as Perceived by the Patient*. W. W. Norton & Company.

D

Draganski, B., et al. (2004). Neuroplasticity: Changes in grey matter induced by training. *Nature*, 427(6972), 311–312.

Dunbar, R. I. M. (1998). The social brain hypothesis. *Evolutionary Anthropology*, 6(5), 178–190.

Dweck, C. S. (2006). *Mindset: The New Psychology of Success*. Random House.

E

EBS 다큐프라임 제작팀. (2006). 〈피부의 반란〉.

Eden, A. S., et al. (2015). Emotion regulation and the uncinate fasciculus structure. *Frontiers in Human Neuroscience*, 9, 218.

Edmondson, A. (1999). Psychological safety and learning behavior in work teams. *Administrative Science Quarterly*, 44(2), 350–383.

Eisenberger, N. I., Lieberman, M. D., & Williams, K. D. (2003). Does rejection hurt? An fMRI study of social exclusion. *Science*, 302(5643), 290–292.

Emmons, R. A., & McCullough, M. E. (2003). Counting blessings versus burdens: An experimental investigation of gratitude and subjective well-being in daily life. *Journal of Personality and Social Psychology*, 84(2), 377–389.

Epley, N., & Schroeder, J. (2014). Mistakenly seeking solitude. *Journal of Experimental Psychology: General*, 143(5), 1980.

Erickson, K. I., et al. (2011). Exercise training increases size of hippocampus and improves memory. Proceedings of the National Academy of Sciences, 108(7), 3017–3022.

F

Fogg, B. J. (2019). *Tiny Habits: The Small Changes That Change Everything*. Houghton Mifflin Harcourt.

Frankl, V. E. (1946). *Man's Search for Meaning*. Beacon Press.

Friston, K. (2010). The free-energy principle: a unified brain theory?. *Nature Reviews Neuroscience*, 11(2), 127–138.

G

Goleman, D. (1995). *Emotional Intelligence*. Bantam Books.

H

Hansen, A. (2019). *Insta-Brain: The Impact of Screens and Social Media on Your Brain and Your Health*. Bonnier Fakta. [한국어판: 『인스타 브레인』]

Hanson, R. (2013). *Hardwiring Happiness: The New Brain Science of Contentment, Calm, and Confidence*. Harmony.

Hari, J. (2022). Stolen Focus: Why You Can't Pay Attention—and How to Think Deeply Again. Crown. [한국어판: 『도둑맞은 집중력』]

Hebb, D. O. (1949). *The Organization of Behavior: A Neuropsychological Theory*. Wiley.

Hood, B. (2012). *The Self Illusion: How the Social Brain Creates Identity*. Oxford University Press.

J

Jacka, F. N., et al. (2010). Association of Western and traditional diets with depression and anxiety in women. *American Journal of Psychiatry*, 167(3), 305-311.

Jacobson, N. S., et al. (1996). A component analysis of cognitive-behavioral treatment for depression. *Journal of Consulting and Clinical Psychology*, 64(2), 295.

Jamieson, J. P., Nock, M. K., & Mendes, W. B. (2012). Mind over matter: Reappraising arousal improves cardiovascular and cognitive responses to stress. *Journal of Experimental Psychology: General*, 141(3), 417.

John J. Ratey. (2008). *Spark: The Revolutionary New Science of Exercise and the Brain*. Little, Brown Spark.

K

Kang, J. E., et al. (2009). Amyloid-beta dynamics are regulated by orexin and the sleep-wake cycle. *Science*, 326(5955), 1005-1007.

Kaplan, S. (1995). The restorative benefits of nature: Toward an integrative framework. *Journal of Environmental Psychology*, 15(3), 169-182.

Killingsworth, M. A., & Gilbert, D. T. (2010). A wandering mind is an unhappy mind. Science, 330(6006), 932.

L

Larson, R. W., & Almeida, D. M. (1999). Emotional transmission in the daily lives of families: A new paradigm for studying family process. *Journal of Marriage and the Family*, 61(1), 5-20.

Lazar, S. W., et al. (2005). Meditation experience is associated with increased cortical thickness. *Neuroreport*, 16(17), 1893.

LeDoux, J. E. (1996). *The Emotional Brain: The Mysterious Underpinnings of Emotional Life*. Simon & Schuster.

LeDoux, J. E. (2000). Emotion circuits in the brain. *Annual Review of Neuroscience*, 23, 155-184.

Lee, H., et al. (2015). The effect of body posture on brain glymphatic transport. *Journal of Neuroscience*, 35(31), 11034-11044.

Levitin, D. J. (2006). *This Is Your Brain on Music: The Science of a Human Obsession*. Dutton.

Levy, D. M. (2011). *Love and Sex with Robots*. HarperCollins.

Li, Q., et al. (2008). Visiting a forest, but not a city, increases human natural killer activity and expression of anti-cancer proteins. *International Journal of Immunopathology and Pharmacology*, 21(1), 117-127.

Lieberman, M. D., et al. (2007). Putting feelings into words: Affect labeling disrupts amygdala activity in response to affective stimuli. *Psychological Science*, 18(5), 421-428.

Linville, P. W. (1987). Self-complexity as a cognitive-affective buffer against stress-related illness and depression. *Journal of Personality and Social Psychology*, 52(4), 663-676.

Lupien, S. J., et al. (1998). Cortisol levels during human aging predict hippocampal atrophy and memory deficits. *Nature Neuroscience*, 1(1), 69-73.

M

Maguire, E. A., et al. (2000). Navigation-related structural change in the hippocampi of taxi drivers. *Proceedings of the National Academy of Sciences*, 97(8), 4398-4403.

Maguire, E. A., et al. (2000). Navigation-related structural change in the hippocampi of taxi drivers. Proceedings of the National Academy of Sciences, 97(8), 4398-4403.

Matthew P. Walker, & Els van der Helm. (2009). Overnight therapy? The role of sleep in emotional brain processing. *Psychological Bulletin*, 135(5), 731-748.

Maurer, R. (2004). *One Small Step Can Change Your Life: The Kaizen Way*. Workman Publishing.

Mayer, E. A. (2011). Gut feelings: The emerging biology of gut-brain communication. *Nature Reviews Neuroscience*, 12(8), 453-466.

McEwen, B. S. (1998). Stress, adaptation, and disease: Allostasis and allostatic load. *Annals of the New York Academy of Sciences*, 840, 33-44.

McRaven, W. H. (2017). *Make Your Bed: Little Things That Can Change Your Life...And Maybe the World*. Grand Central Publishing.

Milad, M. R., & Quirk, G. J. (2012). Fear extinction as a model for translational neuroscience: Ten years of progress. *Annual Review of Psychology*, 63, 129-151.

O

Olausson, H., et al. (2002). Unmyelinated tactile afferents signal touch and project to insular cortex. *Nature Neuroscience*, 5(9), 900-904.

P

Panksepp, J. (1998). *Affective Neuroscience: The Foundations of Human and Animal Emotions*. Oxford University Press.

Philippot, P., Chapelle, G., & Blairy, S. (2002). Respiratory feedback in the generation of emotion. Cognition and Emotion, 16(5), 605-627.

Pittman, C. M., & Karle, E. (2015). *Rewire Your Anxious Brain: How to Use the Neuroscience of Fear to End Anxiety, Panic, and Worry*. New Harbinger Publications.

Porges, S. W. (2011). *The Polyvagal Theory: Neurophysiological Foundations of Emotions, Attachment, Communication, and Self-regulation*. W. W. Norton & Company.

Porges, S. W. (2011). The Polyvagal Theory: Neurophysiological Foundations of Emotions, Attachment, Communication, and Self-regulation. W. W. Norton & Company.

R

Ratey, J. J. (2008). *Spark: The Revolutionary New Science of Exercise and the Brain*. Little, Brown Spark.

Reiter, R. J. (1991). Pineal melatonin: cell biology of its synthesis and of its physiological interactions. *Endocrine Reviews*, 12(2), 151-180.

Robbins, M. (2017). *The 5 Second Rule*. Savio Republic.

S

Salimpoor, V. N., et al. (2011). Anatomically distinct dopamine release during anticipation and experience of peak emotion to music. *Nature Neuroscience*, 14(2), 257-262.

Schultz, W. (1998). Predictive reward signal of dopamine neurons. *Journal of Neurophysiology*, 80(1), 1-27.

Seligman, M. E. P. (2006). *Learned Optimism: How to Change Your Mind and Your Life*. Vintage.

Stephens, G. J., Silbert, L. J., & Hasson, U. (2010). Speaker-listener neural coupling underlies successful communication. *Proceedings of the National Academy of Sciences*, 107(32), 14425-14430.

Stickgold, R. (2005). Sleep-dependent memory consolidation. *Nature*, 437(7063), 1272-1278.

Strack, F., Martin, L. L., & Stepper, S. (1988). Inhibiting and facilitating conditions of the human smile: A nonobtrusive test of the facial feedback hypothesis. *Journal of Personality and Social Psychology*, 54(5), 768-777.

T

Tedeschi, R. G., & Calhoun, L. G. (2004). Posttraumatic growth: Conceptual foundations and empirical evidence. *Psychological Inquiry*, 15(1), 1-18.

V

van der Kolk, B. A. (2014). *The Body Keeps the Score*. Viking.

X

Xie, L., et al. (2013). Sleep drives metabolite clearance from the adult brain. Science, 342(6156), 373-377.

Y

Yerkes, R. M., & Dodson, J. D. (1908). The relation of strength of stimulus to rapidity of habit-formation. *Journal of Comparative Neurology and Psychology*, 18(5), 459-482.

Young, S. N. (2007). How to increase serotonin in the human brain without drugs. *Journal of Psychiatry & Neuroscience*,

32(6), 394.

Z

Zhu, Y., Zhang, L., Fan, J., & Han, S. (2007). Neural basis of cultural influence on self-representation. *NeuroImage*, 34(3), 1310-1316.

ㄱ

권준수. (2018). 『나는 왜 나를 피곤하게 하는가』. 올림.
김경일. (2017). 『지혜의 심리학』. 진성북스.
김경일. (2021). 『적정한 삶』. 진성북스.
김대수. (2021). 『뇌 과학이 인생에 필요한 순간』. 브라이트.
김병수. (2017). 『감정의 온도』. 레드박스.
김유겸, 이유진, 최승홍. (2023). 『꿀잠의 과학』. 위즈덤하우스.
김정운. (2019). 『바닷가 작업실에서는 전혀 다른 시간이 흐른다』. 21세기북스.
김주환. (2011). 『회복탄력성』. 위즈덤하우스.
김주환. (2011). 『회복탄력성: 시련을 행운으로 바꾸는 유쾌한 비밀』. 위즈덤하우스.
김혜남. (2018). 『당신과 나 사이: 거리를 두는 것이 서로를 지키는 것이다』. 메이븐.

ㄴ

나해란. (2023). "근육은 제2의 뇌, 마이오카인의 비밀". 〈조선일보〉.

ㅁ

문요한. (2019). 『이제 몸을 챙깁니다』. 해냄.

ㅂ

박문호. (2008). 『뇌, 생각의 출현』. 휴머니스트.
박용우. (2024). 『내 몸 혁명』. 루미너스.
박재연. (2016). 『말이 통해야 일이 통한다』. 비전과 리더십.

ㅅ

서은국. (2014). 『행복의 기원: 인간의 행복은 어디서 오는가』. 21세기북스.

ㅇ

오은영. (2019). 『오은영의 화해: 상처받은 내면의 '나'와 마주하는 용기』. 코리아닷컴.
이금희. (2022). 『우리 편하게 말해요』. 웅진지식하우스.
이민규. (2011). 『실행이 답이다』. 더난출판사.
이시형. (2010). 『세로토닌하라!』. 중앙북스.

ㅈ

전미경. (2019). 『나를 아프게 하지 않는다』. 지와인.
정재승. (2018). 『열두 발자국』. 어크로스.
정재승. (2020). '음악은 왜 우리를 춤추게 하는가'. 〈한겨레〉.

ㅊ

최성애. (2014). 『회복탄력성: 최성애 박사의 행복 에너지 충전법』. 해냄출판사.
최인철. (2007). 『프레임: 나를 바꾸는 심리학의 지혜』. 21세기북스.
칭리, 심우경. (2019). 『자연 치유: 왜 숲길을 걸어야 하는가』. 푸른사상.

ㅎ

한창수. (2021). 『무기력이 무기력해지도록』. 알에이치코리아.